Pendo

JORGE SCHOLZ

DER PAKISTAN-KOMPLEX

EIN LAND ZWISCHEN NIEDERGANG UND NUKLEARWAFFEN

Pendo München und Zürich

Für Antje, Jorina, Larissa und Merle

1. Auflage 2008

Konzeption und Realisation: Ariadne-Buch, Christine Proske
Redaktion: Susanne Frank
Umschlaggestaltung: Hauptmann & Kompanie
Werbeagentur, München-Zürich
Gesetzt aus der Berkeley Book
Satz: KompetenzCenter, Mönchengladbach
Druck und Bindung: Druckerei Pustet, Regensburg
Printed in Germany
ISBN 978-3-86612-176-8

www.pendo.de · www.pendo.ch

Inhalt

Vorwort

Meine erste Begegnung mit Benazir Bhutto hatte ich in einem Park in Rawalpindi. Ich arbeitete gerade für ein paar Monate im benachbarten Islamabad als Gastredakteur bei einer pakistanischen Tageszeitung, die den schönen Namen *The Muslim* trug. Mein Kollege Zahid Hussein war an jenem tropisch-schwülen Tag im Herbst 1990 schon seit Stunden aufgeregt, denn am Abend würde Benazir Bhutto, die gerade abgesetzte Premierministerin und PPP-Präsidentin in Rawalpindis legendärem Park Liaqat Bhag sprechen und um ihre Wiederwahl kämpfen, dort, wo schon so manche historische Rede von den Großen der pakistanischen Geschichte gehalten wurde. Und ich, der Gast aus Germany, war natürlich herzlich eingeladen, Zahid dorthin zu begleiten. Wenig später schlängelten wir uns also auf Zahids Motorrad in waghalsigen Schleifen durch Rawalpindis Verkehrsgewühl, über dem das schier uferlose schwarz-grün-rote Fahnenmeer der anreisenden PPP-Anhänger wehte, die selbst von Busdächern herunter für farbenfrohe Wahlkampfstimmung sorgten. Per Presseausweis ergatterten wir zwei Plätze in der ersten Reihe einer Seitentribüne – nur wenige Meter vom Rednerplatz entfernt. Und so hatten wir den besten Blick auf Benazir Bhutto, als sie schließlich mit der locker über die Haare geworfenen weißen Dupatta und in einem leuchtend roten Seiden-Shalwar-Kamiz wie eine Göttin einschwebte. Ungefähr 200.000 Menschen – ausschließlich Männer – erhoben sich bei Bhuttos Erscheinen und feierten ihr Idol frenetisch mit rhythmischen Slogans wie einen Rockstar. Die etwa 70 bis 80 Frauen, die erschienen waren, saßen derweil hinter der Bühne, vor Blicken durch einen Teppichvorhang geschützt. Kurz vor Ende der Rede zog mich Zahid am Ärmel und bedeutete mir, ihm zu folgen. Wir postierten uns direkt neben einer kleinen vergitterten Tür, die von dem eingezäunten Park, in dem die Wahlkampfveranstaltung stattfand, auf die Straße führte.

Und tatsächlich: Wenig später erschien Bhutto, von ihren Leibwächtern und ihrem Stab umringt, um durch diese Pforte zu ihrem mit laufendem Motor wartenden Geländewagen zu gelangen. Bhutto streifte an uns vorüber, warf uns ein kurzes Lächeln zu und wurde von ihren Leuten in großer Eile zum Auto gedrängt, um der von der Straße herbeilaufenden Menschenmenge mit der Abfahrt zuvorzukommen. Polizisten mit langen Bambusstöcken hieben nach Kräften auf die Passanten ein, und einige Uniformierte auf dem Dach von Bhuttos Geländewagen schwenkten drohend die Maschinenpistolen, um dem Fahrzeug eine Gasse zu bahnen. Panische Hektik lag für einen Moment über der Szene. »Du musst verstehen«, erklärte Zahid mir später, »dies ist genau die Stelle, an der 1951 unser damaliger Regierungschef Liaqat Ali Khan erschossen wurde.«

Was wir beide damals noch nicht wussten: Genau an dieser Stelle würde 17 Jahre später auch Benazir Bhutto sterben – vermutlich ebenfalls durch einen Schuss.

Nach der Wahlkampfveranstaltung führte mich Zahid, der bemerkte, dass mir die Geschichte vom Mord an Liaqat Ali Khan nahegegangen war, auf der anderen Straßenseite ein paar hundert Meter weiter zu einem ungepflegten Grasgelände mitten in einer Häuserzeile. »Hier«, erklärte Zahid, »ist die Stelle, an der Zulfikar Ali Bhutto gehängt wurde. Hier stand einmal ein Gefängnis, das die Armee abgerissen hat, damit kein Heiligenkult um Bhutto entsteht. Verstehst du nun, warum Liaqat Bhag für uns ein besonderer Ort ist – und warum die Polizei so aufgeregt reagierte?«

Zahid machte mich noch auf vier kleine Betonsäulen aufmerksam, die jemand später an der Hinrichtungsstätte Bhuttos errichtet hatte, und die dort wie vergessen stehen geblieben sind. »Sie sollen die vier Provinzen Pakistans symbolisieren, die an dieser Stelle Wache halten.«

Am 27. Dezember 2007 liefen die dramatischen Szenen nach dem Attentat auf Benazir Bhutto immer und immer wieder über die TV-Bildschirme: die Polizisten, die mit langen Bambusstäben auf wütende Menschen einschlugen, die Uniformträger, die Feuerwehrleute anwiesen, rasch alle Spuren zu beseitigen, so wie man damals die Hinrichtungsstätte Bhuttos vernichtet hatte. Nach dem ersten Schock war mir schnell klar: Dies war kein gewöhnliches Attentat an einer ungewöhnlichen Politikerin, sondern ein Ritualmord an einem Symbol. Ein Anschlag auch gegen jene vier im wuchernden Gras versteckten Säulen, die für die Existenz und Einheit Pakistans stehen, denn der weltoffene Jinnah-Weggefährte Liaqat Ali Khan, der Sozialist Zulfikar Ali Bhutto und Benazir Bhutto, die erste weibliche Premierministerin eines islamischen Landes, hatten eines gemeinsam: Sie standen in ihrer Ära jeweils für die Hoffnung, dass dieser absurde postkoloniale Puzzle-Staat namens Pakistan, 1947 für Indiens Muslime aus dem untergehenden britischen Vizekönigreich in Südasien herausgeschnitten, allen Katastrophen seiner Geschichte zum Trotz eine Zukunft hat – eine Zukunft jenseits von Diktatur und engstirniger Ideologie.

Dieses neue Drama vor Augen, reifte die Idee, meine Erfahrung und mein Wissen aus fast 20-jähriger Beschäftigung mit diesem Land zu bündeln, um mit diesem Buch einmal jenseits der Klischees vom »Terrorstaat« und der »Al-Qaida-Hochburg« aufzuzeigen, welche Kräfte und Konflikte dort eigentlich wirken und Pakistan einer permanenten Zerreißprobe aussetzen – und was dieses Land im Inneren zusammenhält. Ein Blick darauf lohnt sich, denn hinter der Fassade einer fragilen Atommacht im Brennpunkt einer gefährlichen Krisenregion, die im Westen bei vielen für Angst und Schrecken sorgt, erscheint ein faszinierend vielfältiges und komplexes Land, das seit seiner Gründung allen großen Herausforderungen, Konflikten und Problemen trotzen muss, die unsere Zeit einem Staat nur aufbürden kann.

Vaucresson,
im Januar 2008

Pakistan nach der Ermordung Benazir Bhuttos

Am 27. Dezember 2007 wurde Benazir Bhutto das Opfer eines Attentats. Der Mordanschlag wird sich im Rückblick als ein historisches Schlüsseldatum tief in das kollektive Bewusstsein einbrennen – und dies weit über Pakistan und die Region hinaus. Die unmittelbaren internationalen Reaktionen zeigen die geopolitische und weltwirtschaftliche Dimension dieses spektakulären Mordes: Die Leitbörsen von New York über Frankfurt bis Tokio reagierten mit kräftigen Kursabschlägen, Gold- und Ölpreis – die sensibelsten Barometer für internationale Krisen – zogen deutlich an und der Ständige Sicherheitsrat kam noch am selben Abend trotz der Feiertage zu einer Dringlichkeitssitzung zusammen. Der plötzliche Tod der pakistanischen Oppositionsführerin machte die Hoffnungen von einflussreichen Regierungschefs und Konzernlenkern in aller Welt zunichte: Diese hatten darauf gesetzt, dass die als prowestlich und populär geltende Ex-Premierministerin bei den anstehenden Parlamentswahlen an die Schalthebel der Macht zurückkehren und einen stabilisierenden Einfluss auf die gefährlich ins Schlingern geratende Nuklearmacht ausüben könnte. Tiefe Ratlosigkeit prägt nun die Stimmung auf dem Parkett der internationalen Diplomatie: Wie wird es mit der strategisch wichtigen Islamischen Republik an der Nahtstelle von Mittlerem Osten, Zentral- und Südasien sowie der Golfregion mit ihren Öl- und Gasressourcen weitergehen? In Washington bangt die Bush-Administration um einen wichtigen Verbündeten im »Kampf gegen den Terror«. Doch nicht nur die USA fürchten nun, dass Pakistan in Anarchie, Chaos und Unregierbarkeit abgleitet und in absehbarer Zeit samt seiner Atomwaffen zur Beute Al Qaidas und der Taliban werden könnte.

Die unmittelbaren Folgen und Reaktionen in Pakistan selbst waren kaum geeignet, diese Sorgen zu besänftigen, denn die Nachricht von Bhuttos Tod entfesselte in weiten Teilen des Landes eine beunruhigende Welle politisch und auch religiös motivierter Gewalt. Bereits in der ersten Nacht nach dem Terroranschlag starben bei Straßenschlachten aufgebrachter Bhutto-Anhänger mit den Sicherheitskräften rund 50 Menschen. Plünderungen und Brandschatzungen vernichteten nach Presseschätzungen vor allem in der Südprovinz Sindh, der Heimat und Hochburg des Bhutto-Clans, Sachwerte in Höhe von mehreren hundert Millionen Dollar, darunter vor allem öffentliche Gebäude wie Behörden und Polizeistationen sowie zahllose Geschäfte und Autos. Auf dem Gipfel der Emotionen skandierten randalierende Bhutto-Parteigänger in der sindhischen Provinzhauptstadt Karatschi anti-pakistanische und anti-punjabische Parolen, was nicht nur in der Nordprovinz Punjab und in der Landeshauptstadt Islamabad die Alarmglocken schrillen ließ: Der Aufruhr drohte einen Moment lang zu einem Konflikt zwischen Ethnien zu eskalieren. Nur die besonnene Reaktion der Hinterbliebenen Bhuttos, die im Rahmen einer landesweit übertragenen Pressekonferenz diese Entgleisungen scharf verurteilten und ein flammendes Bekenntnis zur Einheit Pakistans ablegten, beruhigte die Lage und verhütete Schlimmeres. In den folgenden drei Tagen, von Präsident Pervez Musharraf zu »Trauertagen für die Märtyrerin Bhutto« deklariert, war Pakistan vollständig paralysiert: Züge, Luftlinien und Öffentlicher Nahverkehr stellten den Betrieb ein, Büros und Gewerbe blieben geschlossen. Zur Beerdigung Benazir Bhuttos in der Grabmoschee ihrer Vorfahren auf dem familieneigenen Landgut im Sindh unweit der Kleinstadt

Larkana strömten mehrere 10.000 Menschen zusammen. Im ganzen Land versammelten sich Millionen trauernder Anhänger über den ganzen Tag hinweg in Moscheen und öffentlichen Parkanlagen, um ihrem Idol die letzte Ehre zu erweisen.

Parallel dazu meldeten Beobachter entlang der afghanisch-pakistanischen Grenze in Balutschistan und den Stammesgebieten Waziristans sowie im Hindukusch-Hochtal des Swat ein Wiederaufflammen der Kämpfe zwischen militant-islamistischen Milizen und Sicherheitskräften. Mit einer Offensive an allen Fronten nutzten die Freischärler das durch das Bhutto-Attentat geweckte internationale Medieninteresse für ihre Zwecke. Ihr Kalkül: Je größer Angst und Schrecken in Pakistan und bei seinen westlichen Verbündeten, desto besser für die eigene Taktik, die auf Zermürbung und Spaltung des Gegners setzt. Die Verbindung zwischen dem öffentlichen Aufruhr und dem Aufflammen der Kämpfe ergab sich durch die vorschnelle Behauptung der Regierung, der prominente Führer der pakistanischen Taliban in den Stammesgebieten, Baitullah Mehsud, sei der Drahtzieher des Bhutto-Mordes.

Die überwältigende Mehrheit der pakistanischen Bevölkerung ist dagegen fest davon überzeugt, dass die Regierung selbst für den Tod der Oppositionsführerin verantwortlich ist – wenn nicht direkt, so zumindest indirekt durch die Verweigerung eines wirkungsvollen Personenschutzes. Dies zumindest ergaben entsprechende Meinungsumfragen. Dieser Umstand mag erklären, warum die kaum 24 Stunden nach der Tat hastig lancierte Behauptung der Regierung, sie habe die Hintergründe des Attentats aufgeklärt, bei den Medien des Landes und der Führung der Partei Bhuttos, der *Pakistanischen Volkspartei* (PPP), gleichermaßen auf massives Misstrauen und Ungläubigkeit stieß. Diese Aussage steigerte den allgemeinen Unmut gegenüber der Regierung und Präsident Musharraf fast zur öffentlichen Rebellion. Zum Stein des Anstoßes wurde eine am Abend des 28. Dezember in Islamabad eilig einberufene Regierungs-Pressekonferenz, auf der der Sprecher des Innenministeriums, Brigadegeneral Javed Iqbal Cheema, die versammelten Journalisten mit der These überraschte, dass Benazir Bhutto weder an einem Bombensplitter noch an einer Schussverletzung gestorben sei. Als Ursache ihres Todes nannte er einen Schädelbruch. Nach der Explosion der Bombe des Selbstmordattentäters sei die Politikerin bei dem Versuch, sich in das Wageninnere zu retten, mit tödlicher Wucht gegen den Griff des Autoschiebedaches geprallt. Der Pressesprecher gab außerdem bekannt, dass es den Sicherheitsdiensten gelungen sei, ein Telefongespräch des besagten Taliban-Führers Baitullah Mehsud abzufangen, in dem dieser dem Chef eines Selbstmordkommandos zur erfolgreichen Durchführung des Attentats gratuliere.

Obwohl die pakistanischen Medien seit dem 3. November 2007, als das Musharraf-Regime den Notstand verhängte, massiven Repressionen ausgesetzt sind, fiel das Presseecho auf die Behauptungen des General Cheema vernichtend aus. Der allgemeine Tenor: Wie könne man der Regierung abnehmen, dass sie plötzlich in der Lage sei, in 24 Stunden den Bhutto-Mord aufzuklären? Schließlich sei sie unfähig gewesen, in den vorausgegangenen sechs Monaten, in denen fast 800 Pakistani bei Selbstmordanschlägen getötet wurden, auch nur einen einzigen Attentäter oder eine in die Planung involvierte Terrorgruppe zu identifizieren. Kaum ein Kommentator konnte sich in diesem Zusammenhang den süffisanten Hinweis auf die weltweit ausgestrahlten Fernsehbilder verkneifen, die zeigten, wie Feuerwehrmänner kurz nach dem Anschlag gegen Bhutto am Tatort in aller Eile sämtliche Spuren buchstäblich wegspülten. Seriöse kriminalistische Ermittlungen sehen auch in Pakistan gewöhnlich anders aus.

Es gibt noch einen weiteren Grund für die breite Ablehnung und das tiefe Misstrauen in der Bevölkerung, unter dem das Regime inzwischen leidet, denn von Tag zu Tag wird deutlicher, dass Musharraf sowohl Benazir Bhutto selbst als auch die US-Regierung getäuscht hat. Seine Bereitschaft, nach den Parlamentswahlen seine Macht zu teilen, war wohl nur ein geschicktes Manöver. Längst steht deshalb in der pakistanischen Öffentlichkeit auch die Naivität der Bush-Administration in den Verhandlungen mit Musharraf im Kreuzfeuer der Kritik. Bis zum Schluss glaubte man in Washington offensichtlich, dass der Ex-Diktator im Präsidentenamt an dem Deal festhalten werde – und dies, obwohl spätestens ab Anfang November das genaue Gegenteil offensichtlich war. Ab diesem Zeitpunkt bereitete sich der Präsident zusammen mit Armee und Geheimdiensten darauf vor, die zunächst für den 8. Januar 2008 angesetzten Wahlen – die dann nach dem Bhutto-Attentat auf den 18. Februar verschoben wurden – nach allen Regeln der Kunst zu manipulieren. Das Ziel: Das willfährige Bündnis opportunistischer und regimetreuer Politiker, das 2002 bei ebenfalls manipulierten Wahlen erstmals in Regierungsverantwortung gelangt war, sollte auch diesmal wieder an die Schalthebel der Macht gehievt werden. Um hierfür das Feld zu bereiten, nutzte Musharraf die Sondervollmachten des Notstandsrechts: Er besetzte den Obersten Gerichtshof und die Wahlkommission mit Männern seines Vertrauens. Diese wurden sogleich tätig und untersagten Nawaz Sharif, dem früheren Premierminister und Spitzenkandidaten der oppositionellen *Pakistan Muslim League* (PML-N) und dessen Bruder Shabaz eine Kandidatur bei den Wahlen – ein schwerer Schlag für die Erfolgsaussichten dieser Partei. Zudem schränkte Musharraf die freie Medienberichterstattung ein und ließ rund 10.000 Angehörige und Aktivisten der Zivilgesellschaft – Rechtsanwälte, Journalisten, Menschenrechtsaktivisten – ins Gefängnis werfen. Das Ergebnis: Es gibt im Land keine offizielle Institution mehr, an die sich eine politische Partei im Falle von Wahlbetrug mit einer Beschwerde wenden könnte.

Die mit dem Pakistan-Dossier befassten US-Diplomaten weigerten sich dennoch hartnäckig zuzugeben, dass der geplante Kuhhandel mit Musharraf geplatzt und sie von dem Ex-General aufs Kreuz gelegt worden seien. Noch Ende November bedrängte Unterstaatssekretär John Negroponte bei einer Stippvisite in Islamabad Benazir Bhutto, an der Zusammenarbeit mit Musharraf festzuhalten. Dies behauptet zumindest der prominente pakistanische Journalist Ahmed Rashid unter Berufung auf ein Privatgespräch mit Bhutto zu diesem Thema drei Wochen vor ihrem Tod. Bei dieser Gelegenheit habe die PPP-Chefin großes Misstrauen sowohl gegenüber dem Militärregime als auch gegenüber Musharraf persönlich geäußert, berichtet der in Lahore lebende frühere BBC-Korrespondent und Buchautor. Bhutto sei von einer bevorstehenden systematischen Manipulation der Wahlen ausgegangen, so Rashid weiter. Sie habe sich bitter darüber beklagt, dass die Amerikaner deswegen keinerlei Druck auf Musharraf ausübten und ihm offensichtlich blind vertrauten.

Die jüngste Offensive der pakistanischen Taliban, die von den abgelegenen gebirgigen Stammesgebieten entlang der afghanischen Grenze inzwischen längst auch die Täler und dicht besiedelten Ebenen der Nordwest-Grenzprovinz (NWFP) mit ihren rund 30 Millionen Einwohnern erreicht hat, könnte jedoch bei den Strategen in Washington ein Umdenken erzwingen. Beobachter vor Ort berichten, dass hunderte Soldaten vor den heranrückenden Islamisten-Milizen geflohen und Stellungen der Armee kampflos aufgegeben hätten. Sollten sich diese Meldungen bestätigen, ist kaum vorstellbar, wie die angestrebte Wiederherstellung der politischen Stabilität im Land mit einem schwächelnden und obendrein diskreditierten Musharraf als alleinigem Ansprechpartner gelingen soll. Dennoch kann niemand ernsthaft darauf hoffen, dass der unpopuläre Präsident dem Drängen der Massen nachgibt und mit seinem Rücktritt den Weg frei macht für faire Wahlen und eine demokratisch legitimierte Regierung. Einzig die Armee könnte dies von ihm erzwingen, aber der neue Armeechef General Ashfaq Kayan gilt als noch relativ unerfahren im politischen Geschäft. Er muss sich die unbedingte Gefolgschaft der Truppe, die für ein solch riskantes Manöver Voraussetzung ist, erst noch erarbeiten. Zudem ist er von Generälen umgeben, die von Musharraf in die aktuellen Positionen befördert wurden und diesem vorerst loyal ergeben sein dürften. Wenn Pakistan ein Minimum an Stabilität wiederfinden will, scheint ein Personalwechsel an der Spitze des Staates jedoch unverzichtbar. Der Weg zurück zur Demokratie bleibt sonst auf absehbare Zeit versperrt. Die fatale Folge: Nach und nach wenden sich Macht- und Interessenlobbys, Bevölkerungsschichten, Sprachgemeinschaften, religiöse Strömungen, ethnische Gruppen bis hin zu ganzen Regionen enttäuscht von einem autoritären Staatssystem ab, da sie sich von dessen Politik nicht mehr vertreten fühlen und es weder für ihre materiellen Bedürfnisse noch für ihre Sicherheit sorgen kann. Angesichts der ebenso fragilen wie reichen kulturellen, religiösen, sprachlichen und ethnischen Vielfalt des Landes ein brisanter Trend, da ein Aufbrechen historischer Sollbruchstellen droht, die Pakistan bei seiner Gründung vor 60 Jahren in die Wiege gelegt bekam. Kurzum: Die Nibelungentreue der US-Regierung gegenüber einem diktatorischen Regime in Islamabad fördert de facto das genaue Gegenteil von dem, was man eigentlich von Musharraf erhofft: Stabilität in einer strategisch wichtigen Region.

Vor diesem Hintergrund wird ein weiterer Aspekt der Tragweite des Todes Benazir Bhuttos deutlich. Pakistan verliert mit dieser Politikerin nicht nur eine charismatische Persönlichkeit, die gleichermaßen die Massen in ihrem Heimatland und die Medienöffentlichkeit in den USA und Europa zu faszinieren verstand. Ihr Tod beraubt vor allem auch die PPP, die einzige noch verbliebene echte Volkspartei Pakistans, ihrer Galionsfigur. Die Folgen des Vakuums, das ihr Ableben hinterlässt, sind kaum zu überschätzen, denn Millionen PPP-Anhänger und Wähler setzten ihre Hoffnungen vor allem auf die Person der Vorsitzenden – weniger auf deren Partei. Entsprechend hatte Benazir wie schon ihr Vater in den siebziger Jahren die PPP im Laufe der Zeit unter ihre vollständige Kontrolle gebracht und zu einer reinen Klientel-Partei im Dienste der eigenen Interessen umfunktioniert. Die Abschaffung jeglicher innerparteilicher Demokratie rächt sich nun: Das Fehlen funktionierender Parteigremien und einer fähigen Führungsreserve innerhalb der PPP droht in der Konsequenz die eingespielte Machtbalance des gesamten pakistanischen Parteiensystems aus den Angeln zu heben. Auf dem Spiel steht nichts Geringeres als die Einheit – wenn nicht gar die Existenz – der größten pakistanischen Partei. Die neue PPP-Führungsspitze besteht aus Benazirs Sohn Bilawal Bhutto Zardari, einem 19-jährigen Oxford-Studenten, als offiziellem Vorsitzenden und Bhuttos Ehemann Asif Zardari, einem in zahlreiche Korruptionsskandale verwickelten Ex-Minister, als geschäftsführendem Stellvertreter. Die beiden treten ein schweres Erbe mit großer Verantwortung an.

Die dynastische Nachfolgeregelung vorbei an den übrigen Parteigranden wurde übrigens unter Berufung auf ein entsprechendes Testament durchgesetzt, das Benazir Bhutto wenige Tage vor ihrer Rückkehr aus dem Exil am 18. Oktober letzten Jahres verfasst haben soll. Als einziges Nicht-Mitglied des Bhutto-Clans rückte lediglich der international weitgehend unbekannte Makhdoom Amin Fahim in die Führungsspitze der PPP auf. Im Falle eines Wahlsieges soll er für den Posten des Premierministers kandidieren. Hintergrund: Bilawal Bhutto Zardari ist laut Wahlrecht noch zu jung für ein Abgeordnetenmandat, das ein Mindestalter von 25 Jahren vorschreibt, und Asif Zardari darf nach einer verbüßten Gefängnisstrafe keine politischen Ämter mehr bekleiden. In den Händen dieser Männer liegt fortan das Schicksal einer Partei, die eines der letzten politischen Bindeglieder eines fragilen Vielvölkerstaates ist.

Nun stellt sich die Frage, wer die eigentlichen Nutznießer der heiklen Entwicklungen in Pakistan sind. Unter den westlichen Korrespondenten herrscht in diesem Punkt Einigkeit: »Der Islam«, »die Taliban« und »Al Qaida« seien die eigentlichen Profiteure, wenn nicht sogar die Drehbuchautoren dieses Dilemmas. Einmal abgesehen davon, dass diese holzschnittartige Darstellung keinen Platz mehr für Differenzierungen lässt und in der Wahrnehmung der westlichen Öffentlichkeit längst Feindbilder heraufbeschworen hat: Sie verstellt auch den Blick auf die komplexen Ursachen des Vormarschs der militanten Islamisten in Pakistan und verleitet zu falschen Schlussfolgerungen.

Wenn sich diese fehlgeleitete mediale Wahrnehmung dann noch in außenpolitische Strategien wichtiger internationaler Akteure wie den USA und der europäischen Mächte wie Großbritannien, Frankreich und Deutschland ummünzt, kann dies für ein labiles Staatsgebilde wie Pakistan fatale Folgen haben. Die milliardenschweren Finanzhilfen der USA und massive Waffenlieferungen in eines der gefährlichsten Krisengebiete der Erde, wo sich in Kaschmir mit Indien, China und Pakistan drei hochgerüstete Atommächte gegenüberstehen, sind hierfür ein beredtes Beispiel: Auch nach dem Mord an Benazir Bhutto hat die Bush-Administration weitere Lieferungen von F-16-Kampfflugzeugen angekündigt.

Grund genug, im weiteren Verlauf dieser Analyse nach einem kritischen Blick auf das Bild Pakistans in den deutschen Medien den tieferen Ursachen für die aktuelle Krise im Land und deren Evolution nachzuspüren. Nur so lässt sich erahnen, wie sich die Dinge in Pakistan über den nächsten Wahltag hinaus entwickeln könnten – und was unternommen werden müsste, damit Worst-Case-Szenarien nicht zu selbsterfüllenden Prophezeiungen werden.

Die Pakistanfrage im Spiegel der deutschen Medien

Im Spätherbst 2001 spielten sich in Peschawar, der Provinzhauptstadt der Nordwest-Grenzprovinz unweit der afghanischen Grenze, Jagdszenen ab: Durch die Straßen der Millionenstadt zogen kleine Demonstrantengruppen bärtiger Männer mit Kopfbedeckung, die Plakate schwenkten und mit anti-amerikanischen Parolen gegen den soeben begonnenen Krieg im benachbarten Afghanistan protestierten. Ihnen folgte auf Schritt und Tritt eine mindestens ebenso große Meute westlicher Kameraleute, Journalisten und Fotografen, Linse und Objektiv immer im Anschlag auf der Lauer nach der eindrucksvollsten Perspektive. Manche der Reporter ermunterten die Demonstranten mit Gesten und Zurufen dazu, stärkere Emotionen zu zeigen. Diese ließen sich – mit Aussicht auf einen Fernsehauftritt in CNN oder BBC – nicht lange bitten und gaben sich schreiend und Fäuste schüttelnd alle erdenkliche Mühe, die Gäste aus dem Westen zufriedenzustellen, oft belächelt von den anderen Demonstranten im Hintergrund. Das Ergebnis: Vor dem heimischen Bildschirm oder beim Durchblättern der Zeitung wirkten die eingefangenen Szenen auf Zuschauer und Leser wie die Zeugnisse einer Massenkundgebung aufgeputschter Menschenmengen.

Augenzeugen berichteten, dass Kamerateams in jenen Tagen – auf der Suche nach »sendefähigem Material« und enttäuscht davon, dass die Realität nicht ihren Erwartungen entsprach – auch schon mal jugendliche Gläubige am Ausgang einer Moschee abfingen und ihnen mit der Bitte, für die Kamera eine gleich mitgebrachte amerikanische Flagge zu verbrennen, ein paar Dollarscheine zusteckten. Die BBC filmte in den Margalla Hills, einer Islamabad vorgelagerten Bergkette, eine alte verschleierte Frau mit einem Holzbündel auf dem Kopf. In dem später gesendeten Beitrag wurde diese Frau dem britischen Publikum als afghanische Bäuerin im Hindukusch präsentiert. Der Grund: Der Zugang zum Kriegsschauplatz Afghanistan war von pakistanischen Sicherheitskräften hermetisch abgeriegelt worden und es standen keine Originalbilder zur Verfügung.

Aber auch deutsche TV-Korrespondenten nahmen es nicht immer allzu genau. So posierte ein ZDF-Asien-Korrespondent bei einem Aufsager zum Afghanistan-Krieg auf einer Anhöhe vor dem Panorama des Khyber-Passes im pakistanisch-afghanischen Grenzgebiet. Während seines Berichts zeigte der Journalist mehrfach auf die im Bildhintergrund zu erkennende Ebene und benannte diese als Afghanistan. Damit suggerierte er den Zuschauern, er befände sich unmittelbar an der Grenze. Der Schönheitsfehler: Der Khyber-Pass liegt komplett auf pakistanischem Territorium, und die pakistanisch-afghanische Grenze verläuft tief unten im Tal. Zudem war während der Kriegshandlungen die Seite des Passes, von der man auf die Bergwelt Afghanistans schauen kann, für Journalisten gesperrt. Bei jener Ebene im Hintergrund handelte es sich in Wirklichkeit um den Rand der Indus-Ebene Pakistans.

Diese wenigen Beispiele zeigen, dass selbst die vermeintlich objektiven Fernsehbilder, die über einen weit entfernt liegenden Krisenherd informieren und unsere Meinung prägen, bisweilen täuschen können. Zeit- und Erfolgsdruck, die Erwartungshaltung in den Heimatredaktionen und manchmal ganz einfach Bequemlichkeit sind wohl die Hauptgründe für solche Verletzungen journalistischer Sorgfaltspflicht. Solange es in der Praxis dabei bleibt, dass Landschaften und Menschen falschen Ländern zugeordnet werden, wird vordergründig wenig Schaden angerichtet. Doch diese falschen regionalen Zuordnungen suggerieren dem Zuschauer in jedem Fall, dass sich die Berichterstatter direkt vor Ort, am Brennpunkt des Geschehens aufhalten. Das Geschilderte erhält so einen falschen Anstrich von Authentizität.

Doch brisanter ist, wenn wie im Falle der Demonstranten und der Moscheebesucher durch Manipulation und Übertreibung beim heimischen Publikum Ängste und Emotionen geschürt werden, indem man bereits vorhandene anti-islamische Klischees und Feindbilder bedient und noch verstärkt. Thomas Bärthlein, Redakteur im Urdu/Hindi-Programm der Deutschen Welle, hat die Dimension dieses Problems im Rahmen einer 2003 veröffentlichten Analyse zum Pakistan-Bild der deutschen Medien folgendermaßen auf den Punkt gebracht: »Die Bedeutung pakistanischer Islamisten wird in der deutschen Medienwahrnehmung maßlos übertrieben, als ob die Reporter gezielt auf der Suche nach ihnen seien.«[1]

Ein weiteres Merkmal der Berichterstattung deutscher Medien über Pakistan ist laut dieser Studie die im Vergleich zu Nachbarländern in der Region äußerst begrenzte Bandbreite der abgedeckten Themen. Die Berichterstattung reduziert sich immer noch fast ausschließlich auf Gefahren und Negatives – und dies, obwohl die Anzahl der Reportagen seit dem 11. September 2001 sprunghaft angestiegen ist. Der auffällige Zusammenhang zwischen diesem Datum und dem Medieninteresse an Pakistan mag zum Teil erklären, warum sich der Löwenanteil der Nachrichten, Reportagen und Kommentare, auf die man beim Blättern in den Archiven der führenden deutschen Zeitungen stößt, nahezu ausschließlich drei Themen widmet:

1. dem indisch-pakistanischen Konflikt,
2. den Atomwaffen und deren Proliferation (Weiterverbreitung),
3. dem Terrorismus und islamistischen Bewegungen.

Im Herbst 2005 kamen über einige Wochen hinweg noch Berichte über die Erdbebenkatastrophe in Nordpakistan hinzu. Ansonsten weichen nur Artikel über Präsident Musharraf, gelegentliche Berichte über besonders krasse Formen von Frauenunterdrückung sowie in jüngster Zeit Porträts über Benazir Bhutto von diesem Schema ab. Alle anderen möglichen Themen greifen die deutschen Printmedien dagegen höchst selten auf.

Auch wenn keineswegs behauptet werden darf, dass eine Mehrheit der publizierten Beiträge zu Pakistan ihrem Thema nicht gerecht werde: Diese extrem einseitige Verengung auf wenige Aspekte reicht aus, um bei Lesern eine stark verfälschte Perspektive zu provozieren.

Eine erste Ursache für die oben skizzierte Themenarmut ist schnell gefunden: Kein deutsches Medium ist ständig mit einem Korrespondenten in Pakistan vertreten. Die einzige Ausnahme bildet die Nachrichtenagentur dpa, die in Karatschi ein Büro unterhält. Dieses Büro ist mit einheimischen Journalisten besetzt, deren Berichte die Zentrale in Hamburg jedoch auch nicht direkt, sondern nur über das eigentliche Korrespondentenbüro in der indischen Hauptstadt Delhi erreichen. Die TV-Sender, der ARD-Hörfunk und einige Printmedien haben ihre für Pakistan zuständigen Korrespondenten ebenfalls in Delhi oder in Singapur beziehungsweise Bangkok stationiert. Von dort aus müssen sie mit ihrer Berichterstattung einen riesigen geographischen Raum abdecken. Zwar bereisen sie Pakistan regelmäßig, insbesondere bei Krisen wie der aktuellen. Anders als die eigene kontinuierliche Beobachtung vor Ort erlauben diese Kurzbesuche, die natürlich straff durchorganisiert sein müssen, jedoch selten spontane, vielfältige Impressionen, die für eine differenzierte und ausgewogene Berichterstattung so wichtig sind.

Jenseits der Mängel, die die journalistische Infrastruktur betreffen, stößt man allerdings bei der inhaltlichen Analyse der Beiträge auch auf fundamentale handwerkliche Schwächen, die die Perspektive der Reporter auf die zu schildernden Ereignisse betreffen. Denn wenn westliche Journalisten über den Islamismus und seine Rolle in Pakistan schreiben, so beobachtet Bärthlein, geschieht oft zweierlei: Zum einen fehlt es an eigener Beobachtung, die bisweilen durch reine Phantasie ersetzt wird, zum anderen an Distanz. Ein aktuelles Beispiel für die erste These: Eine SPIEGEL-Reporterin trifft an einer Bushaltestelle einen in den pakistanischen Tribal Areas wohnenden Holzhändler »mit wachen braunen Augen und kurzem Vollbart«, was ihn als »moderaten Stammesmann ausweist«. Dieser offenbar glaubwürdige Zeuge »hat sogar aus offiziellen Quellen gehört«, so die Journalistin weiter, dass es »in dieser Woche in Waziristan wieder besonders heftig zugegangen« sei. So informiert, schlussfolgert die Reporterin nach einigen Zahlenangaben zu den laut Holzhändler bei Gefechten zwischen Taliban und Armee Getöteten: »Allem Anschein nach sind die Truppen, die Pakistans Präsident Pervez Musharraf entsandt hat, nicht sonderlich erfolgreich. Die Taliban patrouillieren in ihren Toyota-Pickups inzwischen selbstbewusst in den Städten und Dörfern von Waziristan. Die Verbündeten von der Qaida gehören mittlerweile fast ebenso selbstverständlich zum Straßenbild. Es sind Araber und Usbeken und immer öfter auch Weiße aus Europa, jüngst wurden gleich mehrere Briten gesehen« (DER SPIEGEL, 17.9.2007). Gerade der letzte Satz zeigt deutlich, dass sich die Journalistin allzu sehr auf ihre Phantasie verlassen hat; zum einen kann es sich aufgrund der unüblichen Terminologie nicht um ein wortgetreues Zitat des »Stammesmannes« handeln, zum anderen stellt sich die Frage, wie der Informant die Verbündeten der Qaida regional zuordnen kann – wieso ist er sicher, dass es sich bei den »Weißen aus Europa« überhaupt um Europäer und sogar um Briten handelt?

Die auffallend große Distanz von Journalisten gegenüber Pakistan belegt das folgende Beispiel: Ein Kommentar der WELT mit der

Überschrift »Pakistan in Aufruhr – Blasenschlag im Höllenloch« beginnt mit den Worten »Pakistan ist ein Land wie ein Fragezeichen. Nicht so sehr die ferne Lage macht dies aus, sondern die seltsame, ja explosive Mischung, die ein westlicher Beobachter kaum aushält, geschweige denn zu verstehen vermag.« Wenige Sätze später heißt es noch ergänzend: »Was ist Pakistan? Ein muslimisches Land, formal eine Demokratie, doch durchzogen von Radikalität und Düsternis, Hinterland der schlimmsten Terroristen, Atommacht noch dazu« (WELT, 16.11.2007). Bei der Lektüre solcher Sätze stellt sich beim Leser unwillkürlich ein Gefühl unüberbrückbarer Distanz ein, die signalisiert: An diesem Land und dessen Bewohnern gibt es nichts zu verstehen. Dies ist eine fremde, feindliche, gefährliche Welt, die mit der unsrigen nichts zu tun hat und uns bedroht.

Das Ergebnis solcher Informationsarbeit können die Redakteure der WELT auf der hauseigenen Website WELT Online besichtigen. In einem Leser-Blog vom 3.1.2008 heißt es dort unter der Überschrift »Demokratie ist wichtig (größer ist meine Angst vor der Islamistenatommacht«: »Leider ist mir in diesem Land egal, wenn der Musharraf nicht ganz so ein demokratischer Genosse ist. Denn was machen wir, wenn die Islamisten die Wahl gewinnen und dann die Atombomben Al Qaida schenken. Ich hoffe er bleibt dran, egal wie (…)«

Bei dieser Leserreaktion wirkt vielleicht auch noch die intensive Berichterstattung der deutschen Zeitungen über die indisch-pakistanische Krise von 2002 nach. In vielen Kommentaren, die damals vor einem möglicherweise unmittelbar bevorstehenden Nuklearkrieg warnten, klang häufig mehr oder weniger offen die höchst fragwürdige Unterstellung an, dass man in Ländern wie Pakistan und Indien nicht auf rationales Verhalten zählen könne. Allerdings erschienen in dieser Zeit auch seriöse Untersuchungen, die sich in sachlicher Art und Weise mit den Risiken dieses Konfliktes befassten und die äußerst geringe Wahrscheinlichkeit, dass Islamisten oder gar Terroristen in den Besitz der pakistanischen Atomwaffen gelangen könnten, deutlich herausarbeiteten. Theoretisch besteht diese Gefahr zwar immer und überall auf der Welt, aber im Zusammenhang mit anderen Atommächten wird diese jedoch so gut wie nie thematisiert.

Ein anderer Kristallisationspunkt für das Kreieren von Ängsten durch eine mit extrem negativer Metaphorik aufgeladene Sprache ist in der Pakistan-Berichterstattung das Thema Karatschi. Wenn Journalisten über diese Millionenmetropole schreiben, fallen ihnen mit schöner Regelmäßigkeit Überschriften wie »Chaos in Karatschi« ein (z. B. Süddeutsche Zeitung vom 26.9.2002). Die dazugehörenden Reportagen enthalten Sätze wie »Karatschi heißt Chaos, Schmutz, Krankheit, täglicher Überlebenskampf. Die Bevölkerungsexplosion und eine katastrophale Planung haben die Metropole in eine Vorhölle verwandelt, in der alle Geißeln der Megastädte vertreten sind, nur noch schlimmer, geballter als anderswo: Menschenhandel, Waffenschiebereien, Heroingeschäfte.« (DER SPIEGEL, 17.9.2007). Und ein ZEIT-Reporter berichtet: »Wo immer man hinschaut, starrt einen der Moloch an. Wo immer man sein Ohr anlegt, ist ein Keuchen und Röcheln zu hören wie von jemandem, der am Ersticken ist.« (DIE ZEIT, 01/2003).

Fasst man diese Art der Berichterstattung zusammen, erscheint Pakistan als ein Land, das extrem gefährlich, eine Hochburg des islamistischen Terrors, ein Brennpunkt nuklearer Konfrontation und ein Hort der Intoleranz und Kriminalität ist. Kurzum: »Das gefährlichste Land der Welt«, wie DIE ZEIT im November 2007 titelte.

Unbestreitbar existieren in Pakistan die oben genannten Phänomene, und es ist Journalistenpflicht, diese aufzugreifen und zu schildern. Bestritten wird hier nur, dass die beschriebenen Probleme in der Realität in dieser zugespitzten Extremform und Ausschließlichkeit existieren. Und es bleibt zu bedenken, dass die behandelten Fragestellungen in der Summe nicht annähernd ein repräsentatives Bild von Pakistan zeigen. Die Liste der Themen, die in Medienberichten fast völlig fehlen, ist entsprechend lang: Alltag, Bildung, Gesellschaft, Gewerkschaften, Kunst, Kultur, Medien, Menschenrechte, Organisationen, die nicht der Regierung unterstellt sind, Parteien, Regionalkonflikte, Tourismus, Wirtschaft. Ein weiterer wichtiger Punkt, über den wir so gut wie nie etwas zu lesen bekommen, sind die islamischen Strömungen jenseits des militant-islamistischen Spektrums. In einem Land, dessen muslimische Bevölkerung überwiegend den Glaubensvorstellungen von Mystiker-Orden anhängt – und eben nicht den orthodoxen Denkschulen des Gesetzes-Islams, aus denen sich militant-islamistische Gruppen und Organisationen speisen – ist dies von zentraler Bedeutung.

Wie aber lässt sich die im Falle der Pakistan-Berichterstattung festgestellte Verengung und Vereinfachung der medialen Perspektive erklären? Medienwissenschaftler bezeichnen dieses Phänomen als *Framing*: Bei vielen Journalisten bildet sich im Laufe der Zeit unbewusst ein Rahmen heraus, in dessen Grenzen sie Realität beschreiben. Bärthlein benennt in der bereits erwähnten Analyse bezogen auf Pakistan zwei Faktoren. Demnach ist seit dem 11. September 2001 zu beobachten, dass die Furcht vor dem radikalen Islam paranoide Züge annimmt – verstärkt natürlich durch politisch-militärische Kampagnen und weitere Anschläge. Zum anderen existieren selbstverständlich auch in Pakistan Interessengruppen und Persönlichkeiten, die von den übertriebenen Ängsten des Westens profitieren und sie mitunter schüren. Ein prominentes Beispiel für den zweiten Punkt ist Präsident Musharraf, der in Ansprachen und Interviews nie müde wird, vor den Gefahren des Islamismus, des Terrorismus und der drohenden Instabilität zu warnen. Dadurch empfiehlt er sich selbst natürlich als nicht ersetzbaren Garanten der Sicherheit.

Die Gefahr der Manipulation, die derlei offizieller Informationspolitik naturgemäß anhaftet, ist ebenfalls ein Aspekt, auf den in den Medien selten hingewiesen wird. Denn wenn ein Politiker eine dramatische Gefahrenlage beschwört und gleichzeitig durch hermetische Abriegelung der betreffenden Krisenregion – wie im Falle Waziristans oder auch des Swat-Tales – Journalisten aktiv daran hindert, diese Informationen zu überprüfen, ist im Umgang mit der vom Politiker gelieferten Nachrichtenware doppelte Vorsicht geboten.

Ein weiterer Grund für die beobachtete Tendenz zur Vereinfachung ist wohl paradoxerweise ausgerechnet in der besonderen Komplexität der vor Ort angetroffenen politischen Situation zu suchen. Vielen Journalisten gelingt es offenbar nicht, während der häufig nur kurzen Verweildauer im Land – oft verbringen sie nur wenige Tage, selten einige Wochen vor Ort –, die Vielschichtigkeit der Realität zu erfassen und zu verarbeiten. Die Häufung von Begriffen wie »undurchschaubar« und »verwirrend« in Pakistan-Artikeln legt diesen Schluss zumindest nahe. Das Auftauchen von Klischees könnte man in diesem Sinne zugespitzt als Symptom für die mangelnde Fähigkeit eines Autors interpretieren, sich mit komplexen Verhältnissen auseinanderzusetzen.

Positive Ausnahmen, wie die einfühlsame Reportage von Ulrich Ladurner über Tagelöhner in Rawalpindi nach der Ermordung Bhuttos (DIE ZEIT, 02/2008), die praktisch alle wichtigen Aspekte der aktuellen Krise in Pakistan in eine aus der Perspektive von Betroffenen erzählte Alltagsgeschichte einfließen lässt, oder ein ebenso kompakter wie vielschichtiger Bericht aus der Feder von Nils Rosemann über den aktuellen Wahlkampf und die Medienzensur (Die WELT, 13.12.2007) beweisen, dass es durchaus auch anders geht. Warum liest man nicht mehr davon?

Was noch fehlt, ist ein abschließender Blick auf die Folgen dieser misslichen Bilanz in Sachen Pakistan-Berichterstattung. Das Fazit: Deutsche Medien vermitteln ihren Lesern und Zuschauern von der Grundtendenz her ein Bild eines streng-religiösen und extrem gefährlichen südasiatischen Landes. Die Wirkung dieses fehlgeleiteten Diskurses: Die Öffentlichkeit im Westen wendet sich verängstigt von Pakistan und die Öffentlichkeit in Pakistan wendet sich gedemütigt vom Westen ab. Die internationale Isolierung Pakistans droht sich so noch zu verschärfen. Medienberichterstattung kann nicht nur Brücken zwischen den Kulturen bauen, sondern diese auch einreißen, denn Worte und Bilder haben mit Bomben mitunter eines gemeinsam – sie besitzen Sprengkraft.

Zwischen Tradition und Globalisierung: Staat, Nation und Gesellschaft

Nachfolgend soll versucht werden, zumindest einige der in Medienberichten oft ausgeklammerten oder verengt dargestellten Aspekte herauszuarbeiten, die für ein tieferes und differenzierteres Verständnis der aktuellen Krise in Pakistan von fundamentaler Bedeutung sind. Ziel ist es, die bestehende Informationslücke zumindest teilweise zu schließen, unsere Perspektive auf Pakistan zu erweitern und die Urteilskraft jedes Einzelnen beim Blick auf ein in die Schlagzeilen geratenes Land zu stärken.

Staatsverständnis

Auslöser der aktuellen Krise in Pakistan mit dem Bhutto-Mord als vorläufigem Höhepunkt war im Kern die dramatische Zuspitzung eines eigentlich schon seit der Gründung Pakistans im Jahr 1947 bestehenden und bis heute ungelösten Konflikts. Er dreht sich um die Frage, wie dieser mit der Unabhängigkeit aus der kolonialen Erbmasse Britisch-Indiens herausgebrochene Staat beschaffen sein soll. Es geht – wie schon so oft in der pakistanischen Geschichte – um entscheidende Weichenstellungen rund um das Politische System, um die Verfassung, um den alten Widerstreit zwischen Diktatur und Demokratie, um die Balance zwischen Ordnungsdenken und Freiheitswillen sowie um das Ringen zwischen Allmachtsanspruch der Regierung und der Forderung nach Gewaltenteilung der Opposition.

Dreh- und Angelpunkt dieses Tauziehens zwischen konkurrierenden Macht- und Interessensgruppen ist das Ringen um die Deutungshoheit des Staatsverständnisses Pakistans und die auf dieser Basis zu errichtende staatliche Ordnung. Historisch gesehen wird dieses Staatsverständnis aus drei höchst unterschiedlichen ideologischen Quellen gespeist, was in der Praxis zu einer Überlagerung und teilweise auch Verdrängung konkurrierender Idealvorstellungen führt:

- das Vermächtnis der nach Unabhängigkeit und Eigenstaatlichkeit strebenden Pakistan-Bewegung in Britisch-Indien, vertreten durch den späteren Staatsgründer Muhammad Ali Jinnah und seine Muslimliga,
- die Strahlkraft des von der Kolonialmacht importierten Modells einer föderalen parlamentarischen Demokratie mit einem stark zentralisierten System in Regierung und Verwaltung,
- der Einfluss islamistischer Strömungen mit dem Ziel, in Pakistan eine islamische Gesellschaftsordnung zu etablieren.

Zum Erbe der politischen Gründerväter um Jinnah gehört insbesondere die Idee, dass Pakistan, »das Land der Reinen«, als Heimat der Muslime des indischen Subkontinents gedacht ist. Die Voraussetzungen dafür schuf die »Zwei-Nationen-Theorie«, die im Vorfeld der Unabhängigkeit und Teilung Britisch-Indiens eine räumliche und staatliche Trennung von Muslimen und Hindus forderte. Formuliert wurde dieses Konzept von Muhammad Iqbal, einem bedeutenden Dichter und Philosophen, der heute als »geistiger Vater« Pakistans verehrt wird. Iqbal, der in Heidelberg Deutsch lernte, in München promovierte und wichtige Werke Goethes in Urdu übersetzte, hatte im Deutschland der Kaiserzeit zu Beginn des 20. Jahrhunderts Bekanntschaft mit der damaligen deutschen Variante der Idee eines Nationalstaates gemacht, die die deutsche Staatsbevölkerung über eine gemeinsame Abstammung definierte. Iqbal übertrug diese Idee nach seiner Rückkehr auf die indischen Verhältnisse, indem er den Nationenbegriff mit religiöser Identität gleichsetzte. Seine Theorie lautete sinngemäß: »Es gibt zwei Nationen in Indien: die hinduistische und die muslimische Nation.« Vor diesem Hintergrund löst sich übrigens der scheinbare Widerspruch auf, dass sich der Vielvölkerstaat Pakistan als Nationalstaat versteht.

Dem Staatsgründer und Politiker Jinnah selbst schwebte offenbar das Modell eines Wohlfahrtsstaates westlicher Prägung nach dem Vorbild Westminsters mit einer parlamentarischen Demokratie vor, garniert mit islamischen Losungen. Allerdings war es Jinnah nicht mehr vergönnt, maßgeblich an der Umsetzung seiner Vorstellungen mitzuwirken: Im September 1948, rund ein Jahr nach der Gründung Pakistans, starb der schwer kranke »Vater der Nation«. Lediglich in der Frage der Nationalsprache konnte er noch zugunsten von Urdu eingreifen, legte damit aber zugleich den Grundstein für das Auseinanderbrechen Pakistans im Jahr 1971 (mehr dazu im Kapitel »Wegmarken einer turbulenten Geschichte«). Als 1951 sein Weggefährte und Nachfolger an der Regierungsspitze, Liaqat Ali Khan, ermordet wurde – übrigens fast auf den Meter genau an derselben Stelle wie Benazir Bhutto –, gab es niemanden mehr, der mit der Autorität eines Staatsgründers die Weichen hätte stellen können. Ein entscheidender Faktor für die bis heute anhaltende politische Instabilität Pakistans ist also die mangelnde Kontinuität der politischen Führung in der Frühphase der staatlichen Entwicklung – vor allem im Vergleich mit Indien, wo Nehru bis 1964 die Politik seines Landes prägen konnte.

Das Grundgerüst demokratischer Elemente des heutigen pakistanischen Staatsaufbaus, das mehrere Militärdiktaturen überdauert hat, wurzelt in einer Kolonialvariante der parlamentarischen Demokratie, die in der zweiten Hälfte des 19. Jahrhunderts von den Briten in Indien eingeführt wurde. Diese übernahm nur teilweise die in Großbritannien selbst geltenden Prinzipien. Denn neben der Aufgabe, den Druck einer wachsenden Nationalbewegung zu dämpfen und deren Forderungen nach Beteiligung an politischen Entscheidungsprozessen wenigstens zum Teil zu erfüllen, verfolgte dieses Projekt vor allem das Ziel, auch weiterhin die Kolonialinteressen der Briten wahren zu können. Deshalb blieb die Macht im Zentrum auch nach der Einführung der Demokratie in Britisch-Indien fest in britischer Hand. Als politisches Testament dieser Epoche gilt das *Government of India Act* von 1935, das als erste Verfassung für ein föderales und demokratisches Indien unter britischer Oberhoheit diente. Pakistan konnte nach der Unabhängigkeit von 1947 im Unterschied zur Indischen Union noch nicht mit einem eigenen Verfassungsentwurf aufwarten, deshalb nutzte man dieses »Gesetz zur Regierung Indiens« als Grundgesetz und Verfassungsersatz. Erst 1956 wurde das Provisorium, das den britischen Monarchen trotz Unabhängigkeit zum Staatsoberhaupt Pakistans erklärte, von einer ersten eigenen Verfassung abgelöst. Zentrale Punkte der alten Ordnung wurden jedoch in der neuen Verfassung nicht angetastet und blieben auch über alle weiteren Verfassungsreformen hinweg erhalten:

- die Existenz eines parlamentarischen Zwei-Kammern-Systems mit einem Oberhaus (Senat) und einem Unterhaus (Nationalversammlung), das einen Premierminister wählt,
- das Mehrheitswahlrecht und
- die föderale Gliederung des Landes in Provinzen mit eigenen Landesparlamenten und einem Chefminister an der Spitze.

Die exekutive Doppelstruktur geht ebenfalls auf das koloniale Erbe zurück: Jedem Chefminister einer Provinz ist ein vom Präsidenten ernannter Gouverneur beigeordnet, der die gewählte Landesregierung samt Provinzregierung jederzeit entlassen kann. Das Staatsoberhaupt kann dieses Instrument im Bedarfsfall auch auf Bundesregierung, Senat und Nationalversammlung anwenden.

Die Judikative Pakistans, die in ihrem Aufbau ebenfalls dem britischen Vorbild ähnelt, ist zwar formal unabhängig, verfügt aber nur

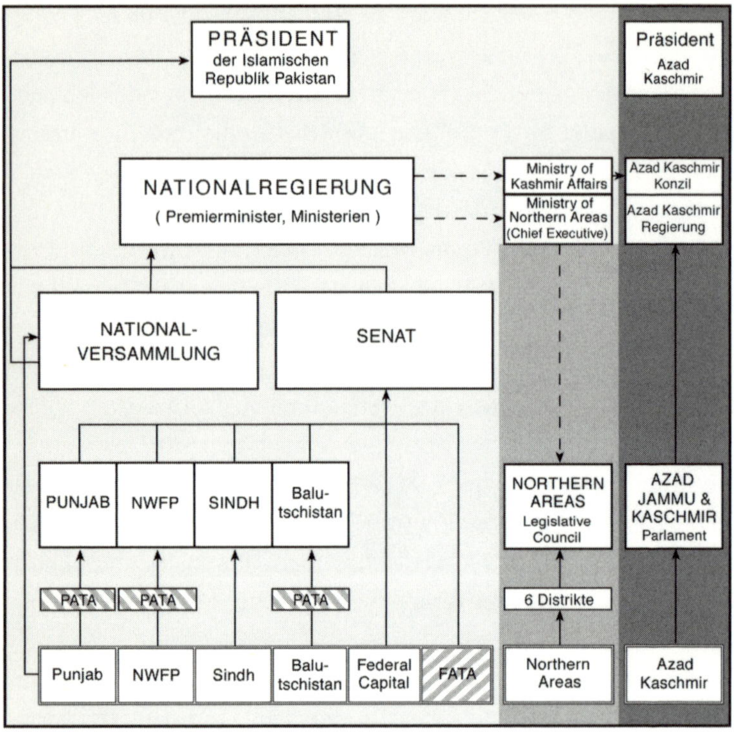

Schematische Darstellung der politischen Repräsentationsgremien in Pakistan © H. Kreutzmann

über eingeschränkte Kontrollmöglichkeiten, da der Präsident das Personal der Obersten Gerichtsbarkeit auswählt. Diese mit dem Argument der Stabilitätswahrung verteidigte und auf Absicherung der Machtposition der Exekutive fixierte Struktur führt in Pakistan immer wieder dazu, dass der Prozess der politischen Willensbildung auf demokratischem Wege durch Eingriffe und Manipulationen von außen unterbrochen wird: Kabinettchefs, Regierungen und ganze Parlamente, die außerparlamentarischen Machteliten zu unbequem sind, werden durchschnittlich nach zwei bis drei Jahren entlassen. Verfassungsrichter, die von ihrem Recht auf Unabhängigkeit Gebrauch machen und sich gegen Manipulationen des

Staatsoberhaupts wehren, werden aus dem Amt gedrängt. Erst im November 2007 nutzte Präsident Musharraf dieses Instrument, um den Vorsitzenden Richter des Verfassungsgerichts (*Supreme Court*), Iftikhar Muhammad Chaudhry, von seinen Funktionen zu entbinden und durch einen Mann seines Vertrauens zu ersetzen. Er nutzte dazu die Sondervollmachten des Ausnahmezustands, den er am 3. November 2007 nach dem ersten Attentat auf Benazir Bhutto am 18. Oktober in Karatschi mit über 140 Toten verhängt hatte. Musharrafs erster Versuch, den unbequemen Richter loszuwerden, war im März 2007 noch an massiven Bürgerprotesten aufgebrachter Anwälte, Menschenrechtsaktivisten und Journalisten gescheitert. Hintergrund des Konflikts war ein über Monate hinweg erbittert geführter Machtkampf um die juristische Legitimität des Musharraf-Regimes. Der breite Rückhalt in der Bevölkerung stärkte die Verfassungsrichter mit Chaudhry an der Spitze; sie agierten immer selbstbewusster, vervielfachten ihre in allen Punkten für Musharraf negativ ausfallenden Entscheidungen und scheuten nicht davor zurück, die Staatsspitze wegen ihrer Politik öffentlich zu kritisieren. Als schließlich ein negatives Urteil des Verfassungsgerichtes zur Rechtmäßigkeit seiner unter dubiosen Umständen zustande gekommenen Wiederwahl ins Präsidentenamt drohte (Musharraf hatte sich innerhalb einer Legislaturperiode zweimal vom selben Wahlgremium wählen lassen), zog das Staatsoberhaupt die Notbremse und entließ Chaudhry.

Die sich zuspitzende Krise in Pakistan wurde also durch den – vorerst gescheiterten – Versuch der Judikative ausgelöst, ein chronisches Defizit in der staatlichen Ordnung und in der Machtstruktur des Landes zu beseitigen.

Als letzte unter den bedeutenden Einflussgrößen auf das pakistanische Staatsverständnis kommen noch islamistische Strömungen hinzu, die den Aufbau eines an islamischen Werten und Normen orientierten Gemeinwesens anstreben. Der Umstand, dass die religiösen Führer des traditionalistischen Islams zunächst keine politische Führung beanspruchten und den Islam als politische Ideologie erst ab den 1940er Jahren entdeckten, begrenzte bei der Gründung Pakistans noch das Wirken dieses Faktors auf das Staatsverständnis. Immerhin reichte die bis 1956 entfaltete Dynamik bereits aus, um die Väter der ersten Verfassung in eine Falle zu locken, deren Folgen bis heute zu spüren sind. Es ging dabei um die Frage der Souveränität, die in den Augen der Islamisten in einem islamischen Staat nicht vom Volk, sondern von Gott ausgeht. Da die damalige Staatsführung diesem Detail keine große Bedeutung beimaß, ließ sie sich dazu bewegen, die Festschreibung der Souveränität Gottes in die Präambel der Verfassung aufzunehmen. Vermeintlich relativiert wurde die Textpassage durch den ergänzenden Hinweis, Gott habe die von ihm ausgehende Souveränität an den pakistanischen Staat und das Staatsvolk, die Muslime unter den Bürgern, delegiert. Diese seien angehalten, sie innerhalb der von Gott gesetzten Grenzen auszuüben. Koran und Sunnah[2] wurden an dieser Stelle als Rechtsquellen genannt und als Richtschnur für Gesetze empfohlen, ohne sie allerdings zum alleinigen Maßstab für die künftige Gesetzgebung zu erklären. Außerdem wurde die Staatsform Pakistans als »Islamische Republik« definiert. Diese scheinbar belanglosen Passagen des Präambeltextes wurden allen der bislang vier folgenden Verfassungsentwürfen vorangestellt. Die Politiker jener Zeit rechneten offenbar nicht damit, dass die Islamisten in den folgenden Dekanden ausgerechnet dort den Hebel ansetzen würden, um den Staat, seine Institutionen und die Gesellschaft allmählich zu islamisieren.

Der erste pakistanische Machthaber und Politiker, der mit der politischen Sprengkraft dieser religiösen Einschübe in der Präambel konfrontiert wurde, war General Ayub Khan. Er hatte sich im Oktober 1958 an die Macht geputscht und die erst zwei Jahre alte erste Verfassung gleich wieder suspendiert. Er glaubte, man könne auf sämtliche Artikel verzichten, die sich mit dem Islam befassten und strich diese zunächst aus der neuen Verfassung von 1962. Auch im Staatsnamen ließ er den Begriff »Islamisch« wegfallen und taufte Pakistan zu einer säkularen Republik um. Doch nach massiven Protesten, die von gegnerischen Politikern – darunter nicht nur Islamisten – mobilisiert worden waren, musste der Diktator beides wieder rückgängig machen. Auch der Hinweis auf die Souveränität Gottes wurde wieder an alter Stelle aufgenommen. Außerdem erhielt eine neue Institution namens *Council of Islamic Ideology*, der »Rat für Islamische Ideologie«, Verfassungsrang. Zu dessen Aufgaben sollte es künftig gehören, das Parlament bei möglichen Konflikten bestehender oder neuer Gesetze mit den Lehren des Islam zu beraten. So wurde ausgerechnet das ursprünglich säkulare Regime Ayub Khans zum Wegbereiter der »Islamischen Ideologie«, die heute ein fester Bestandteil des Wertekanons des pakistanischen Staatsverständnisses ist und in der Praxis im Wettstreit mit den beiden übrigen Faktoren um die Vorherrschaft ringt. Die nachträgliche Verankerung der »Islamischen Ideologie« in den verfassungsrechtlichen Grundlagen hat weitreichende Auswirkungen: Zum einen verstärkt sie die Tendenz zu autoritären Strukturen, die auf das koloniale Erbe zurückgehen, zum anderen legitimiert sie das Wirken islamistischer Parteien und erschwert die konsequente Ausgrenzung und Bekämpfung militant-islamistischer Bewegungen wie die der Taliban. (Weitere Aspekte rund um die Frage der Islamisierung in Pakistan werden im Kapitel »Islam, Islamisierung, Talibanisierung: Pakistan und die religiöse Frage« behandelt.)

Sollbruchstellen eines Vielvölkerstaates: Regionen, Ethnien und Sprachgruppen

Der nationalistische Paschtunenführer Wali Khan hat Ende der achtziger Jahre des letzten Jahrhunderts einmal erklärt, er sei seit

Statusbesonderheiten im westlichen Pakistan © H. Kreutzmann

4.000 Jahren Paschtune, seit 1.400 Jahren Muslim und seit 40 Jahren Pakistani. Besser kann man das Phänomen der sich überlappenden, aber unterschiedlich stark ausgeprägten Identitätsringe, die die Persönlichkeit vieler Pakistani prägen, nicht auf den Punkt bringen. Die feinsinnig-ironische Aufzählung der regionalen, der religiösen und der pakistanischen Identität lässt zudem erahnen, warum Pakistan auch nach über 60 Jahren Existenz ein Staat auf der Suche nach dem besonderen emotionalen Kitt ist, der Menschen zu loyalen Bürgern macht. Die nationale einfach mit der religiösen Identität gleichzusetzen, kann in einem komplexen Vielvölkerstaat mit höchst unterschiedlichen Regionen und einer Fülle von Ethnien und Sprachgruppen nicht gelingen. Die pakistanische Gesellschaft ist buchstäblich auf dem Reißbrett entstanden, und diese Klammer ist einfach zu schwach, um sie zusammenzuhalten. Nur die gemeinsame koloniale und postkoloniale Vergangenheit und der Islam sind ein Bindeglied für die in Pakistan lebenden Völker. Und selbst der vermeintliche Kompass Islam bietet bei der Suche nach einer gemeinsamen nationalen Identität keine klare Orientierung für den einzuschlagenden Kurs. Denn immer noch ist die Frage, ob Pakistan einfach ein Land für Muslime in Südasien sein soll oder doch der Prototyp einer künftigen muslimischen Nation auf dem vorbestimmten Weg in einen supranationalen Islamischen Staat, nicht entschieden. Das Problem: Dieser Diskurs klammert die in Pakistan von den divergierenden ethnischen Identitäten als den ältesten und wirkungsmächtigsten unter den drei eingangs skizzierten Identitätsringen ausgehende Eigendynamik vollkommen aus.

Die Brisanz dieser Thematik erschließt sich in ihrer ganzen Bandbreite erst nach einem genaueren Blick auf das bunte Kaleidoskop der Provinzen, Ethnien und Sprachgruppen.

Die Provinzen

Pakistan, eine föderative Republik, gliedert sich verwaltungstechnisch in vier große Flächenprovinzen: Punjab im Nordosten, Sindh im Südosten, Balutschistan im Südwesten und die NWFP im Nordwesten. Das im Nordsaum des Punjab eingebettete Hauptstadt-Territorium Islamabad ist den Flächenprovinzen rechtlich gleichgestellt. Im Hochgebirgsraum des Hindukusch, Himalaya und

Karakorum im äußersten Norden liegen noch zwei weitere Regionen mit politischem Sonderstatus, die sogenannten Nordgebiete (Northern Areas), Azad (das heißt »Freies«) Jammu und Kaschmir (AJK). Beide Territorien werden im Rahmen des ungelösten Kaschmirkonfliktes von Indien beansprucht, liegen aber auf der pakistanischen Seite der Waffenstillstandslinie. Während die Northern Areas der direkten Verwaltung durch die Bundesregierung unterstellt sind und nur sehr begrenzte Selbstverwaltungskompetenzen besitzen, genießt AJK weitreichende Autonomierechte bis hin zu einem eigenen Parlament und einer eigenen Regierung. Nur wirtschaftlich, militärisch, währungs- und außenpolitisch ist AJK in den pakistanischen Staatsverband integriert. Beide Regionen gehören aufgrund der völkerrechtlichen Verhandlungsposition Islamabads im Kontext des Kaschmir-Konfliktes offiziell nicht zu Pakistan. Bevölkerungszahl und Wirtschaftsleistung werden dementsprechend nicht in pakistanischen Statistiken erfasst.

Weitere Gebiete mit politischem Sonderstatus finden sich entlang der afghanisch-pakistanischen Grenze in der NWFP: sogenannte Stammesgebiete (Tribal Areas), die über vor Ort ansässige »Political Agents« der Bundesregierung unterstellt sind (FATA). Die Straf-, Steuer- und sonstigen Gesetze Pakistans gelten hier jedoch nicht: Der Stammesrat (jirga), die einzige allgemein anerkannte Autorität, entscheidet alle anfallenden Fragen und Probleme inklusive der Rechtsprechung in Eigenregie. Neben den FATA gibt es in der NWFP und in Balutschistan noch die PATA. Auch hier handelt es sich um Stammesgebiete, die im Unterschied zu den FATA jedoch nicht der Bundes-, sondern der jeweiligen Provinzregierung zugeordnet sind und nur über begrenzte Autonomierechte verfügen.

Die Schlüssel- oder Herrschaftsprovinz Pakistans ist eindeutig der Punjab. Auf einer Fläche, die ungefähr der alten Bundesrepublik entspricht, drängen sich etwa 90 Millionen Menschen, deutlich mehr als die Hälfte der pakistanischen Gesamtbevölkerung. In den fruchtbaren Ebenen des »Fünfstromlandes« (freie Übersetzung von »Punjab«) erstreckt sich zwischen dem Indus und seinen fünf Nebenflüssen das mit zehn Millionen Hektar größte zusammenhängende Bewässerungssystem der Welt, das vor allem für die Baumwollproduktion und den Reisanbau genutzt wird. Zusammen mit den weiterverarbeitenden Gewerben der landwirtschaftlichen Erzeugnisse liefert es den Bewohnern die Lebensgrundlage. Die Landeshauptstadt Lahore ist mit rund sieben Millionen Einwohnern die zweitgrößte Stadt Pakistans und ein wichtiges kulturelles und wirtschaftliches Zentrum. Die historische Provinz Punjab ist heute durch die postkoloniale Grenzziehung politisch geteilt: Das östliche Drittel der einstigen Gesamtfläche bildet heute in Indien einen eigenen Unionsstaat.

Sindh ist mit rund 38 Millionen Einwohnern und einer Fläche von der Größe der ehemaligen DDR die zweitwichtigste Provinz. Am Unterlauf des Indus gelegen, der in Pakistan Sindhu heißt, durchzieht auch diese Region ein riesiges Bewässerungssystem, mit sieben Millionen Hektar Bewasserungsflächen nach dem punjabischen das zweitgrößte der Erde. Hier werden insbesondere Zuckerrohr, Weizen und Baumwolle angebaut. In trockenen Jahren, die im Sindh häufig zu Missernten führen, kommt es um die Wasserverteilung regelmäßig zu massiven politischen Spannungen mit dem Punjab. Die Provinzhauptstadt und 16-Millionen-Metropole Karatschi gilt als Handels- und Finanzzentrum Pakistans sowie als »Tor zur Welt«, denn fast der gesamte Außenhandel des Landes wird über den Stadthafen abgewickelt.

Die größte Provinz Balutschistan ist allein etwa so groß wie ganz Deutschland, wird aber nur von acht Millionen Menschen bewohnt, wovon wiederum die Hälfte im Großraum der Provinzhauptstadt Quetta lebt. Ausgedehnte Wüsten und Trockengebiete machen weite Teile dieses Landstriches unbewohnbar. Wirtschaftliche Bedeutung gewinnt Balutschistan durch riesige Gasvorkommen, die nur zum Teil erschlossen sind, sowie durch den Abbau von Bodenschätzen wie Chrom, Kupfer und Kohle. Einheimische Stämme, auf deren Land sich die Lagerstätten befinden, kämpfen zum Teil mit Waffengewalt um eine gerechte finanzielle Beteiligung an deren Ausbeutung. Auch die Chagai-Berge, das Testgebiet der Nukleartests von 1998, liegen in dieser Provinz.

In der NWFP, von der Fläche her vergleichbar mit Österreich, leben einschließlich der Stammesgebiete rund 26 Millionen Menschen zumeist von bescheidener Land- und Viehwirtschaft. Der Sitz der Landesregierung, die Millionenstadt Peschawar, ist zugleich ein wichtiges Handelszentrum und bedeutender Verkehrsknotenpunkt zwischen Süd- und Zentralasien. Historisch gesehen gehört der größte Teil der Nordwest-Grenzprovinz zu Afghanistan, und von der Karzai-Regierung in Kabul gibt es entsprechende Gebietsansprüche auf dieses Territorium. Seit Beginn der achtziger Jahre bis in die jüngste Vergangenheit war die NWFP immer wieder das Ziel von großen Flüchtlingswellen aus Afghanistan. Heute gilt vor allem die südliche Hälfte der Stammesgebiete als Rückzugsraum der afghanischen Taliban und verbündeter ausländischer Milizen.

Die Northern Areas und AJK entsprechen zusammengenommen in etwa der Fläche der NWFP und werden von geschätzten vier Millionen Menschen bewohnt, die ihren Lebensunterhalt zumeist mit Vieh- und Landwirtschaft bestreiten, zum Teil unter extrem harten Bedingungen. Auch der Bergtourismus spielt im Einzugsbereich mancher Gipfelregionen als Einkommensquelle eine gewisse Rolle. Vor allem aber sind beide Regionen von großer strategischer Bedeutung, da hier nicht nur die einzige Verbindungsstraße zum verbündeten China verläuft, sondern auch die Nachschubwege und die Frontlinien der pakistanischen Armee im Kaschmir-Konflikt mit Indien. Die Versorgung der hier stationierten Truppen ist ein weiterer wichtiger Erwerbszweig der lokalen Bevölkerung.

Die Ethnien und Sprachen

Auf diese in jeder Hinsicht höchst ungleichen Provinzen und Regionen verteilen sich viele ethnische Gruppen, die mehr als 20 Sprachen sprechen. Ein Vergleich: Dies entspricht in etwa der Vielfalt der Europäischen Union komprimiert auf eine Fläche von der Größe Frankreichs und Deutschlands. Ganz grob kann man sagen, dass den vier größten Ethnien, die zugleich eigene Sprachgruppen sind, jeweils eine Heimatprovinz zugeordnet ist: Die Punjabi dominieren den Punjab, die Sindhis den Sindh, die Balutschen Balutschistan und die Paschtunen die NWFP. Hinzu kommt die AJK, wo fast ausschließlich Kaschmiri als eigene Sprachgruppe leben. Nur die Northern Areas weichen von diesem Schema ab: Hier bilden Sprachen wie Balti, Buruschaski, Schina und Wakhi einen linguistischen Flickenteppich. Fast jedes Tal beherbergt in dieser abgelegenen Hochgebirgsregion eine eigene ethnische Gruppe, die ihre kulturelle und auch politische Unabhängigkeit teilweise bis in die jüngste Vergangenheit bewahren konnte: Erst 1974 wurden die letzten weitgehend autonomen Klein-Königreiche aufgelöst.

Doch auch innerhalb der großen Flächenprovinzen ist die Zusammensetzung der Ethnien und Sprachgruppen wesentlich komplexer, als sie auf den ersten Blick erscheint. Der Grund: Ebenso wie die äußeren Grenzen Pakistans durchschneiden auch die Provinzgrenzen vielfach zusammenhängende Siedlungsgebiete von Ethnien und deren Sprachräume. Am deutlichsten zeigt sich das am Beispiel des Grenzverlaufs zwischen Balutschistan und NWFP, wodurch fast vier Millionen Paschtunen von ihrer Stammprovinz getrennt und Balutschistan zugeschlagen wurden. Dies wiederum führte dazu, dass die Balutschen in ihrer eigenen Heimatprovinz

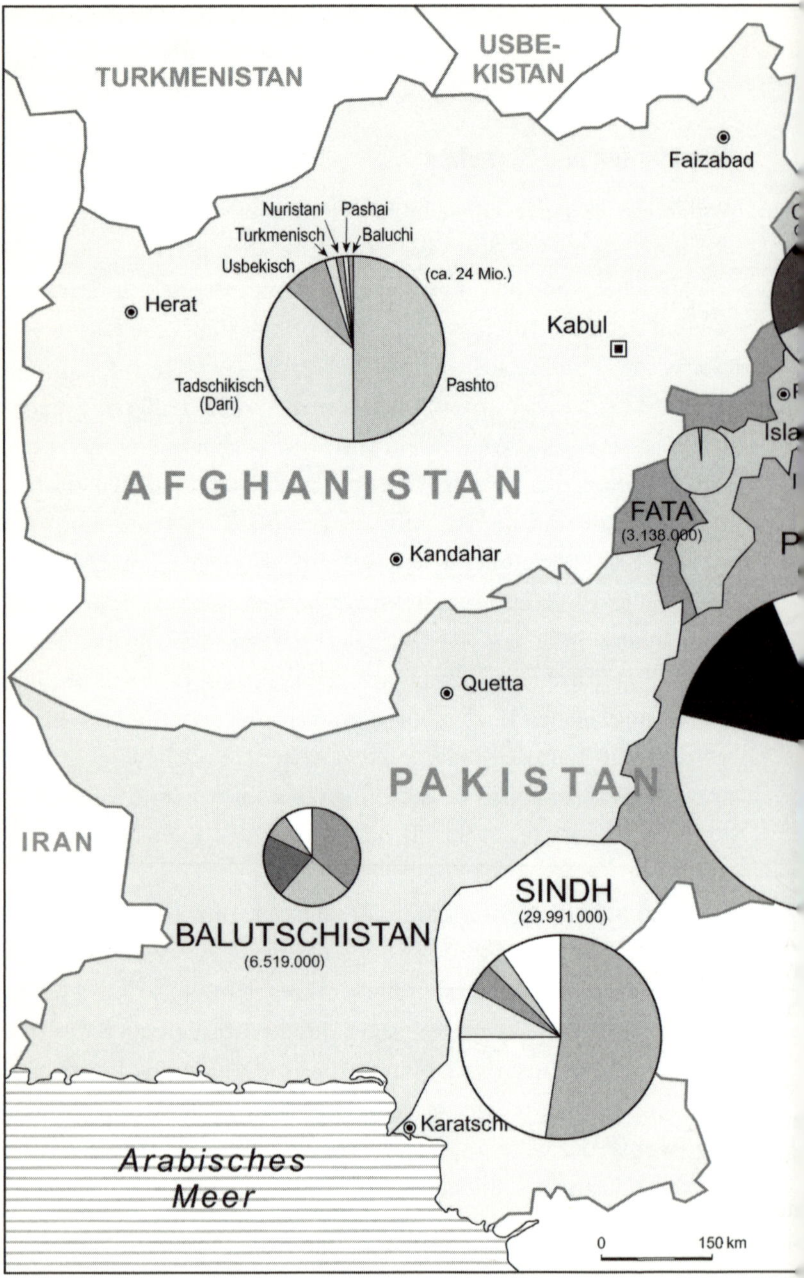

TURKMENISTAN
USBE-
KISTAN
Faizabad
Nuristani
Pashai
Turkmenisch
Baluchi
Usbekisch
(ca. 24 Mio.)
Herat
Kabul
Tadschikisch
(Dari)
Pashto
AFGHANISTAN
FATA
(3.138.000)
Kandahar
Quetta
PAKISTAN
IRAN
SINDH
(29.991.000)
BALUTSCHISTAN
(6.519.000)
Karatschi
Arabisches
Meer
0
150 km

Bevölkerungsdifferenzierung nach Sprachgruppen in Afghanistan und Pakistan

aufgrund der rasch wachsenden paschtunischen Bevölkerung heute nur noch ganz knapp in der Mehrheit sind. Die traditionellen Rivalitäten zwischen beiden Völkern werden dadurch noch zusätzlich angeheizt, was immer wieder zu bürgerkriegsähnlichen Auseinandersetzungen führt. Die Paschtunen ihrerseits müssen in »ihrer« NWFP damit leben, dass ausgerechnet die wenigen fruchtbaren Ebenen entlang des Indus oft in der Hand punjabischer Bauern sind. Auch in der Hauptstadt Peschawar wird häufig Hindko, eine dem Punjabi verwandte Sprache, gesprochen. Die Angst der Paschtunen, eine Instrumentalisierung der punjabischen Minderheit in der NWFP könnte mit paschtunischen Interessen kollidieren, ist groß. Im Norden der Provinz sorgen zudem Kaschmiri, Khowar, Kohistani, Kalasch und Gujar-Nomaden mit ihren jeweiligen Idiomen für bunte Vielfalt, die jedoch durch anhaltende Einwanderung von Paschtunen aus dem Süden und Westen zumindest langfristig bedroht scheint.

Auch der Punjab ist nicht frei von ethnischem und sprachlichem Konfliktpotential: So siedeln im Süden der Provinz und im äußersten Norden des angrenzenden Sindh rund 17 Millionen Seraiki, das viertgrößte Volk Pakistans. Diese Sprachgruppe hat zwar bisher noch keine eigene politische Identität entwickelt, obwohl – oder gerade weil – sie von allen Ethnien Pakistans am stärksten von Armut betroffen ist. Dennoch werden auch aus dieser Region gelegentlich Auseinandersetzungen gemeldet, in der Regel um Wasserressourcen und dringend benötigte Investitionen der Provinzregierung.

Brennpunkt der sprachlichen und ethnischen Konflikte in Pakistan ist jedoch zweifellos der Sindh. Zwar stellen die Sindhi in den ländlichen Gebieten ihrer Heimatprovinz über 90 Prozent der Bevölkerung, doch die hohe Zahl an Zuwanderern aus den übrigen Provinzen, die es vor allem nach Karatschi zieht, verschiebt den provinzweiten Schnitt erheblich. So machen die Sindhis etwas mehr als die Hälfte der Gesamtbevölkerung aus, aber nur ein Viertel der Bevölkerung Karatschis. Vor allem urdusprachige Mohajir dominieren die Metropole. Mohajir ist ein muslimischer Ehrenname für die Einwanderer und deren Nachfahren aus Indien, die nach der Unabhängigkeit aus Glaubensgründen ihre Heimat verließen und nach Pakistan kamen. Die Mohajir bilden zwar eine Sprachgruppe, bestehen jedoch aus Angehörigen verschiedener ethnischer Gruppen, die zumeist in der Gangesebene beheimatet sind. Da ihnen im Sindh jahrzehntelang die politische Mitwirkung verweigert wurde, eskalierte der Konflikt zwischen den Sprachgruppen, verschärft durch Stadt-Land-Gegensätze und soziale Kontraste, zum Bürgerkrieg. Ab Mitte der achtziger Jahre bis Ende der neunziger Jahre des letzten Jahrhunderts brachten Terror und Gewalt Karatschi an den Rand der Unregierbarkeit. Auf dem Höhepunkt der Auseinandersetzungen forderte der Konflikt bis zu 2.000 Tote pro Jahr. Erst als General Musharraf 1999 die Macht übernahm, beruhigte sich die Lage. Der Hintergrund: Musharraf wurde in Indien geboren und wird von den Mohajir als einer der ihren anerkannt. Zudem umwarb der Diktator die MQM (*Mohajir Qaumi Mahaz* – die »Nationalbewegung der Mohajir«) als politischen Verbündeten und kam der Partei in zentralen Fragen entgegen. Eine Änderung der politischen Großwetterlage und ein Führungswechsel in der Staatsspitze könnten den alten Konflikt jedoch jederzeit wieder aufleben lassen. Die Unruhen unmittelbar nach der Ermordung Bhuttos, die in Karatschi auch sindhi-nationalistische und gegen die Mohajir gerichtete Züge trugen, wirkten fast wie ein Menetekel einer solchen Entwicklung.

Pakistans ethnische Polarisierung wird noch dadurch verstärkt, dass alle pakistanischen Gliedvölker in Nachbarstaaten hineinreichen. Rund ein Drittel der Punjabi leben in Indien, über ein Viertel der Balutschen in Iran und Afghanistan sowie etwa die Hälfte der Paschtunen in Afghanistan. Von den Sindhis wanderten nach der Unabhängigkeit 20 Prozent nach Indien aus. Die Kaschmiri in AJK und die Balti in den Northern Areas wurden ebenfalls durch den indisch-pakistanischen Grenzverlauf von Angehörigen der eigenen Volks- und Sprachgruppe getrennt. Die instabilen politischen Grenzen und die über die Grenzen hinausgehenden Siedlungsräume pakistanischer Völker haben auch außenpolitische Konsequenzen. So unterstützen die Kaschmiri in AJK den kaschmirischen Widerstand im benachbarten Kaschmir und im indischen Unionsstaat Jammu, und die Paschtunen sind seit der Besetzung Afghanistans durch die Sowjetunion 1979 in den dortigen Krieg und Bürgerkrieg involviert. Die ab 2001/2002 zu erkennende Tendenz des Westens, in Afghanistan einseitig auf die nicht-paschtunischen Völker zu vertrauen und, was noch schlimmer ist, die Taliban mit Paschtunen gleichzusetzen, hat auch die pakistanischen Paschtunen gegen die von der Bush-Administration verfolgte Agenda aufgebracht und Solidarisierungseffekte mit den in die pakistanischen Stammesgebiete geflüchteten afghanischen Taliban ausgelöst – begünstigt durch jene bereits erläuterte tief verwurzelte gesamtpaschtunische Identität, die sich insbesondere in Zeiten einer gemeinsamen äußeren Bedrohung aktiviert. Das Gefühl der Bedrohung wurde durch die Reaktion der Musharraf-Regierung noch verstärkt: Auf Drängen Washingtons wurden bei der Verfolgung versprengter Taliban-Milizen in den Stammesgebieten Armeeeinheiten eingesetzt, ein klarer Verstoß gegen die Autonomierechte der FATA. Hinzu kommt, dass in der pakistanischen Armee rund 80 Prozent der Soldaten Punjabi sind. Was oberflächlich betrachtet wie eine Auseinandersetzung zwischen der Regierung und einer Autonomiebewegung aussieht, hat auf den zweiten Blick auch eine ethnische Komponente.

Die natürlichen Gegensätze zwischen den Autoritätsansprüchen einer zentralistischen Regierung und den föderalen ethnischen Bewegungen brechen immer dann auf, wenn die Volks- und Sprachgruppen ungleichen Zugang zu staatlichen, wirtschaftlichen oder natürlichen Ressourcen erhalten – oft noch verstärkt durch eine unausgewogene Machtbeteiligung der Volks- und Sprachgruppen an der Zentralregierung. Beispiele dafür sind die politischen Emanzipationsbestrebungen der Mohajir in Karatschi, der Wasserverteilungskonflikt zwischen Punjab und Sindh und die Konfrontation zwischen Paschtunen und der von Punjabi dominierten Armee. Die Tendenz pakistanischer Bundesregierungen, auf Widerstand aus den Regionen und Provinzen mit Gegendruck bis hin zur Gewaltanwendung zu reagieren, verstärkt die zentrifugalen Fliehkräfte eher noch. Die Folge: Der äußerste und am schwächsten ausgebildete Identitätsring, die nationale Identität als Pakistani, droht in weiten Teilen der Bevölkerung aufzubrechen. Zumindest aber wird der von der Zentralregierung eigentlich erwünschte und angestrebte Prozess des »nation building« in kontraproduktiver Weise behindert und gelähmt. Bei der Diskussion um die Frage, welche Regierungsform am besten geeignet ist, um einen fragilen Vielvölkerstaat wie Pakistan zu stabilisieren, ist dieser Aspekt von essentieller Bedeutung.

Wie geht der pakistanische Staat nun mit dem Problem der Sprachenvielfalt um? Urdu und Englisch spielen hierbei eine Schlüsselrolle. Urdu, die Muttersprache der aus Indien eingewanderten muslimischen Flüchtlinge, wurde schon von Staatsgründer Jinnah zur alleinigen offiziellen Landessprache bestimmt, obwohl sie für weit über 90 Prozent der Bevölkerung eine Fremdsprache war (und es bis heute ist). Was auf den ersten Blick unsinnig erscheint, offenbart auf den zweiten Blick einen tieferen Sinn. Jinnah erkannte richtig, dass es für den Zusammenhalt Pakistans fatale Folgen haben würde, wenn man beispielsweise Punjabi als Landessprache wählen würde, das Idiom einer einflussreichen Provinz. Urdu als die Sprache der relativ kleinen und deshalb kaum bedrohlichen Gruppe der Einwanderer, die durch ihre Flucht aus Indien bewiesen hatten, dass sie an die Pakistan-Idee glaubten, erschien ihm unter den Alternativen noch auf die größte Akzeptanz zu stoßen. Bezogen auf Pakistan in seinen heutigen Grenzen war diese Analyse sicher auch zutreffend. Der Haken: Historiker sind sich einig, dass die Wahl von Urdu als alleiniger Landessprache einer der Gründe war für die spätere Abspaltung Ost-Pakistans, dem heutigen Bangladesch (Näheres hierzu im Kapitel »Wegmarken einer turbulenten Geschichte«). Heute ist Urdu in allen Provinzen in den öffentlichen Schulen offizielle Unterrichtssprache, was langfristig zumindest theoretisch zu einer Überwindung des Sprachenproblems führen sollte. Da Urdu aber außerhalb der Schulen im Lebensumfeld der Kinder nur höchst selten praktiziert wird, bleibt es eine Fremdsprache, die in vielen Fällen nur unzureichend beherrscht wird. Erschwerend kommt hinzu, dass trotz offizieller Schulpflicht viele pakistanische Kinder von ihren Eltern gar nicht oder nur für wenige Jahre eingeschult werden – die Analphabetenquote von über 60 Prozent spricht für sich. Immerhin ist es dem Staat mittlerweile gelungen, Urdu als *lingua franca,* als überregionale Verkehrssprache im Land zu etablieren. Da Urdu auch eine bedeutende Literatursprache ist, gilt es zudem immer mehr als eine Sprache der gebildeten Mittelschichten. Die Kehrseite der Medaille: Die staatliche Förderung des Urdu führt zu einer Vernachlässigung der Regionalsprachen, die allmählich zu Idiomen der Unterschicht verkommen. Besonders ausgeprägt ist dieser Trend im Punjab zu beobachten, wo die Nutzung unterschiedlicher Sprachen bereits der Abgrenzung von anderen sozialen Schichten dient und den inneren Zusammenhalt der punjabischen Gesellschaft schwächt. Staatliche Sprachpolitik führt also an dieser Stelle dazu, dass bereits im innersten Identitätsring, der sprachlichen und ethnischen Identität, erste Risse sichtbar werden.

Die Kolonialsprache Englisch wird zwar von der Zentralregierung nicht mehr offiziell gefördert, ist aber weiterhin in Gebrauch und erfüllt wichtige Funktionen. Vor allem die Eliten des Landes benutzen Englisch auch im privaten Bereich und als eigentliche Muttersprache. Benazir Bhutto sagte man beispielsweise nach, dass sie wesentlich besser Englisch als Urdu sprach, dessen Niveau von der einheimischen Presse häufig als »Pidgin-Urdu« verspottet wurde. Auch die Rede, die Muhammad Ali Jinnah beim Gründungsakt Pakistans hielt, musste für das Publikum aus dem Englischen übersetzt werden. Die Verfassung, das pakistanische Strafgesetzbuch *Pakistan Penal Code* (PPC) und viele andere offizielle Dokumente wurden und werden ebenfalls in englischer Sprache abgefasst. Die beeindruckend vielfältige englischsprachige Medienlandschaft Pakistans mit Fernsehsendern, Tages-, Wochen- und Monatszeitungen bis hin zu Büchern von hoher Qualität genügt auch internationalen Standards. An öffentlichen Schulen gehört Englisch jedoch nicht zum Fächerkanon, was für einen Großteil der Bevölkerung problematisch ist: Wollen die Schüler nach erfolgreichem Abschluss eine Universität besuchen, müssen sie Englisch perfekt beherrschen, da dies dort die Unterrichtssprache ist. Diese Schlüsselkompetenz kann man allerdings nur an teuren Privatschulen oder im Ausland erwerben. Beide Lösungen sind für eine große Mehrheit nicht erschwinglich. Die Konsequenz: Englisch erfüllt in Pakistan alle Kriterien einer Herrschaftssprache. Sie sichert die Machtposition etablierter Eliten samt der damit verbundenen Pfründe und Privilegien gegen unliebsame Konkurrenz ab. Zudem sorgt sie beispielsweise im Umgang mit der Justiz und über den Zugang zu englischsprachigen Medien für einen oft entscheidenden Informationsvorsprung gegenüber dem großen Rest der Bevölkerung. So wie die Angehörigen der Mittelschicht versuchen, sich mit Urdu gegen die einfache Bevölkerung abzugrenzen, so schotten sich die Eliten mit dem Englischen gegen die Mittelschicht ab.

Die pakistanische Gesellschaft ist also – zugespitzt formuliert – auf dem besten Weg, »Sprachkasten« auszubilden. Die zunächst herausgearbeiteten Trennlinien in der horizontalen Ebene der Ethnien und Sprachgruppen samt ihrer durch administrative Grenzziehung verstärkten spaltenden Wirkung finden ihre Entsprechung auch in der vertikalen Ebene der gesellschaftlichen Pyramide.

Hüter und Herr der Nation: die Armee

Bei einer so facettenreichen und fragmentierten Gesellschaft wie der pakistanischen erscheint ein föderativ geordneter und demokratischer Staat, wie es Pakistan auf dem Papier seiner Verfassung auch ist, als die einzig denkbare politische Ordnung. Nur so lassen sich die zahlreichen und oft gegensätzlichen Interessen der verschiedenen Regionen, Bevölkerungsgruppen, sozialen Schichten und Machteliten auspegeln, ohne dass auf Dauer der Staat selbst in Frage gestellt wird und der vorhandene Rahmen unter dem Druck der sich im Inneren aufstauenden ungelösten Konflikte zerbricht. Wie aber bereits angedeutet, prägen das politische System Pakistans nicht nur föderative und dezentrale Elemente, sondern auch stark zentralistische und autoritäre Strukturen. Verkörpert, gestaltet und kontrolliert wird diese hierarchisch ausgerichtete Machtachse im Staatsapparat vor allem durch die Armee. Grund genug, sich näher mit deren Rolle im heutigen Pakistan zu befassen.

Pakistan erlebt derzeit bereits die vierte Militärdiktatur seiner 61-jährigen Geschichte. Den Anfang machte General Ayub Khan (1958 bis 1969), ihm folgte General Yahya Khan (1969 bis 1971) und schließlich General Zia-ul Haq (1977 bis 1988). Im Oktober 1999 putschte sich als vorläufig letzter Armeechef General Pervez Musharraf an die Spitze des Staates. Im November 2007 legte er zwar die Uniform ab und machte General Ashfaq Kayan zum Oberkommandierenden, was aber angesichts der unveränderten Machtverhältnisse lediglich eine kosmetische Veränderung war. Auch in den beiden formal demokratischen Phasen von 1971 bis 1977 sowie von 1988 bis 1999 behielt die Armee zumindest indirekt die Kontrolle. Zumeist geschah dies über willfährige Präsidenten, die die Wünsche der Militärs umsetzten, und über einen innenpolitischen Überwachungsapparat. Rückgrat des Kontrollsystems ist der militäreigene Geheimdienst *Inter-Services Intelligence* (ISI), der jedoch nicht nur die Parteilandschaft »pflegt«. Er setzt auch unbequeme Kräfte in der Zivilgesellschaft unter Druck und trachtet danach, oppositionelle Gruppen gegeneinander auszuspielen. Ebenso beobachtet er ausländische Medien, Nicht-Regierungsorganisationen, Diplomaten und politische Stiftungen und versucht sie zu beeinflussen. Auch Benazir Bhutto und Nawaz Sharif mussten in ihren Amtszeiten die Erfahrung machen, dass die Armee mit Hilfe des ISI sowohl im Kaschmirkonflikt als auch in Afghanistan eine eigene Außenpolitik betrieb, die die offizielle Linie der gewählten Regierung bisweilen frontal torpedierte. Das spektakulärste Beispiel war sicher die sogenannte Kargil-Krise von 1999. Spezialeinheiten der Armee und paramilitärische Verbände hatten damals in Kaschmir unweit der Ortschaft Kargil einen strategisch wichtigen Punkt eingenommen und von dort aus die indischen Nachschublinien unterbrochen, um die laufenden Friedensgespräche zwischen Premierminister Nawaz Sharif und seinem indischen Amtskollegen zu stoppen – mit Erfolg.

Die herausragende politische Stellung des Militärs wird sinnigerweise durch genau diesen Dauerkonflikt mit Indien legitimiert. In Diskussionen um den Rüstungsetat dienen die Kriege von 1947/48, 1965 und 1970/71 sowie die Beinahe-Kriege von 1999 und 2002 gegen den Erzfeind stets als Beleg einer massiven äußeren Bedrohung, die eine besondere Verteidigung erfordere. Während des Kalten Krieges vergaßen die Militär-Befürworter auch nie, auf die räumliche Nähe zur Sowjetunion und die strategische Rolle Pakistans als Verbündeter des Westens hinzuweisen. Der Einmarsch Moskaus im Nachbarland Afghanistan 1979 schien diesen Stimmen Recht zu geben und erstickte lange jede Kritik an der massiven Aufrüstung Pakistans und der Militärherrschaft von General Zia-ul Haq.

Im Schlagschatten des Engagements zugunsten der Mujaheddin gegen die Rote Armee erhielt jedoch auch das bis heute bestehende ausgeklügelte Patronagesystem den letzten Schliff, das das Primat des Militärischen demokratiefest in das pakistanische politische System einbetonierte. Nach dem 11. September 2001 und dem Beginn des »Internationalen Kriegs gegen den Terror« war es dann General Musharraf, der die Gunst der Stunde nutzte und die Wunschliste Washingtons in einen warmen Geldregen für die eigene Kriegskasse ummünzte, westliches Wohlwollen für sein autoritäres Regime inbegriffen.

Doch die Verteidigung der Landesgrenzen ist nur eines der politischen Felder, auf denen sich die Armee tummelt: Geprägt vom britischen Korpsgeist und durchdrungen von einem elitären Sendungsbewusstsein versteht sich das Militär als *die* tragende Säule des pakistanischen Staates. Und deshalb greift die Generalität immer auch dann ein, wenn aus ihrer Sicht die innere Sicherheit auf dem Spiel steht und die äußere gefährdet ist. So besetzte die Armee ab 1992 für mehrere Jahre den ländlichen Sindh und vor allem Karatschi, um der überbordenden Gewalt in der Hafenstadt Herr zu werden, die den Außenhandel des ganzen Landes lahmzulegen drohte. Heute sind die Streitkräfte vom Swat-Tal des Hindukusch im äußersten Nordwesten über die paschtunischen Stammesgebiete entlang der pakistanisch-afghanischen Grenze bis hinunter ins Hochland Balutschistans im Einsatz, um lokale bewaffnete Aufstände und Rebellionen gegen die Zentralgewalt niederzuschlagen. Wie die ständigen Berichte über immer wieder aufflammende Scharmützel und Anschläge auf Soldaten und Armeeeinrichtungen zeigen, scheint sich jedoch der Erfolg der Operationen in Grenzen zu halten. Wie schon in den neunziger

Jahren im Sindh spielt dabei eine wichtige Rolle, dass 80 Prozent der Soldaten Punjabi sind: Paschtunen und Balutschen empfinden die Armeepräsenz in ihrer Region als Quasi-Besetzung durch den Punjab, was zusätzliche Kräfte mobilisiert und die Sicherheitsprobleme vergrößert.

Auf einem ganz anderen Gebiet ist die Armee dagegen umso erfolgreicher. Denn die Militärs haben ihr Machtmonopol in den letzten Jahren genutzt, um zum größten Wirtschafts- und Industriekonglomerat Pakistans aufzusteigen. Dabei spielen mehrere Stiftungen eine zentrale Rolle, die ursprünglich zur Versorgung der fast 600.000 Soldaten und ihrer Angehörigen gegründet wurden. Das angesammelte Kapital für Pensionen und Sozialleistungen wurde in Unternehmen aller Art investiert. Die vier Stiftungen – *Fauji Foundation* (FF; Versorgungswerk für Soldaten aller Teilstreitkräfte), *Army Welfare Trust* (AWT; Heer), *Shaheen Foundation* (SF; Luftwaffe) und *Bahria Foundation* (BF; Marine) – kontrollieren mit ihrem Portfolio insgesamt rund 100 Unternehmen. Dazu zählen Stahl- und Zementwerke, Düngerfabriken, Textilbetriebe, Gasversorger, Ölfirmen, Radio- und TV-Sender, Versicherungen, Banken und Unternehmen der IT-Branche. Der Wert dieser Beteiligungen wird auf drei bis vier Milliarden Euro geschätzt.

Über die Aktivitäten der vier Stiftungen hinaus ist die Armee aber auch selbst unternehmerisch tätig. Zu den großen Firmen in Armeebesitz zählen vor allem die *National Logistic Cell* (NLC) und die *Frontier Works Organization* (FWO). Die 1978 gegründete NCL hat sich mit einer Flotte von fast 1.700 Fahrzeugen und über 7.200 Beschäftigten zu einem der größten staatlichen Transportunternehmen Asiens entwickelt. Weitere Geschäftsfelder des Militärkonzerns sind der Bau von Straßen und Brücken sowie deren Reparatur. Mehr als 2.500 Mitarbeiter sind aktive Soldaten, der Rest überwiegend Offiziere im Ruhestand und Zivilisten. NLC hat die Wettbewerbsvorteile staatlicher Subventionen genutzt, um die zunächst noch vorhandene private Konkurrenz, die in den Augen der Armeeführung für die eigenen Bedürfnisse ineffizient war, fast vollständig vom Markt zu verdrängen. Vor allem die US-amerikanischen und westlichen Nachschublieferungen an die afghanischen Mujaheddin in den achtziger Jahren, die in der Regel über NLC abgewickelt wurden, verhalfen dem Unternehmen beim Aufstieg zum Monopol zum endgültigen Durchbruch.

FWO wurde 1966 gegründet, um mit Hilfe der Armeeingenieure und der eigenen Straßenbauexperten den Karakorum Highway, die über 800 Kilometer lange Straßenverbindung von Islamabad nach China, zu bauen. Nach der Fertigstellung 1986 löste sich das Unternehmen jedoch nicht auf, sondern übernahm Aufträge zur Realisierung kommerzieller Infrastrukturvorhaben. Heute werden alle großen Straßenbauprojekte der Regierung von FWO durchgeführt. Außerdem organisiert FWO für das gesamte pakistanische Straßennetz die Einnahme der Autobahn- und Mautgebühren, eine Aufgabe, die zunächst noch ein Privatunternehmer innehatte.

Neben den zentral verwalteten Armeestiftungen und den Militärfirmen gehen auch untergeordnete Einheiten der Armee ihren eigenen gewinnorientierten Geschäften nach. Von der Beteiligung einer Kaserne an einem Kino, einer Bäckerei oder Hühnerfarm bis hin zu millionenschweren Investitionen einer Teilstreitkraft in Tankstellenketten oder ganze Geschäftszentren sind der Phantasie keine Grenzen gesetzt. Die Marine hatte beispielsweise so originelle Geschäftsideen wie den Verkauf von Sand zum Schutz der Küstengebiete und den Verkauf von Fischereilizenzen für die Küstengewässer.

Die Militärführung selbst sieht die wachsende Verflechtung mit der Privatwirtschaft vor allem als Beitrag zur sozio-ökonomischen Entwicklung des Landes. Dies geht zumindest aus mehreren Interviews hervor, die hochrangige Offiziere in den beiden vergangenen Jahren den pakistanischen Printmedien gegeben haben. Bei Lichte besehen ist jedoch das genaue Gegenteil der Fall, wie eine aktuelle Studie zu diesem Thema belegt[3]: Fast alle Armeeunternehmen schreiben demnach rote Zahlen und verschlingen hohe Subventionen aus der Staatskasse, die zudem auch die Verwaltungs- und Personalkosten finanzieren muss. Die Monopolstellung mancher Unternehmen macht obendrein der Privatwirtschaft schwer zu schaffen, vor allem in der Transport- und Baubranche. Privatfirmen können beim Wettbewerb um lukrative Regierungsaufträge oft nicht mehr mit den günstigeren Konditionen der vom Militär geführten Unternehmen mithalten und müssen aufgeben.

Vor allem höhere Offiziere werden von der Armee kurz vor oder nach ihrem Ruhestand gern mit lukrativen Posten in den Armeestiftungen betraut. Diese Praxis verweist auf eine weitere Funktion des militäreigenen Firmenimperiums, die über simple ökonomische Interessen und deren Instrumentalisierung für politische und institutionelle Zwecke hinausreicht. Es geht vor allem um das Schaffen und Absichern von Pfründen, die den eigenen Leuten als Belohnung vergeben oder auch als Strafe entzogen werden können. Das Signal an die Truppe: Loyalität und Gehorsam zahlen sich aus.

Noch deutlicher werden diese Zusammenhänge, wenn man ein letztes wichtiges Geschäftsfeld der Armee betrachtet: den systematischen Erwerb von Landbesitz, der anschließend zu einem erheblichen Teil als Existenzgrundlage für den Ruhestand an die eigenen Soldaten umverteilt wird. Diese Praktik geht noch auf die Kolonialzeit zurück, und die Dimensionen sind beeindruckend. Wie die pakistanische Politikwissenschaftlerin Ayesha Siddiqa aus verfügbaren Regierungsstatistiken errechnet hat, kontrollieren die Militärs derzeit eine Fläche von rund 4,6 Millionen Hektar, was die Armee zum mit Abstand größten Grundbesitzer Pakistans macht.

Der Anteil der Ländereien, die mittlerweile in den Privatbesitz von Armeeangehörigen übergegangen sind, wird auf 2,8 Millionen Hektar geschätzt. Besonderer Beliebtheit erfreuen sich Parzellen in den fruchtbaren Bewässerungsgebieten des Punjab und des Sindh. Aber auch Baugrundstücke in den großen Metropolen wie Karatschi, Lahore und Islamabad/Rawalpindi stehen hoch im Kurs. Um ihren Landhunger stillen zu können, hat die Armee mehrere Agenturen gegründet, die sich professionell um den Ankauf geeigneter privater Flächen kümmern, doch auch die Armeeunternehmen AWT und FWO sowie die Militärstiftungen mischen mit. Im Fokus stehen vor allem Kleinbauern, deren Betriebe in den Augen der Militärs unrentabel sind und die man mit leicht über dem Marktwert liegenden Angeboten zum Verkauf drängt. Diese Preispolitik, die unliebsame Konkurrenz von Privatleuten um die fraglichen Grundstücke aus dem Markt hält, wird noch begünstigt durch den Umstand, dass Steuermittel das Budget speisen. Allerdings kommen bisweilen auch ruppigere Methoden zum Einsatz. 2001 berichteten Menschenrechtsorganisationen von einem Fall im Zentralpunjab, bei dem die Armee beim Streit um Landnutzungsrechte von Ackerland die dort lebenden Bauern mit Waffengewalt vertrieben hatte. Armee-einheiten besetzten schließlich die Region, verhängten Ausgangssperren und erschossen bei Demonstrationen acht unbewaffnete Zivilisten. Auch im Umland von Islamabad brachte die Armee jüngst im Namen des »nationalen Interesses« wertvolles Bauland für ein neues Generalhauptquartier nebst Residenzen für Offiziere, Schulen und Geschäften in ihren Besitz, ohne die Eigentümer angemessen zu entschädigen. Klagen der Betroffenen vor Gericht blieben ohne Erfolg. Nun verlangt die Armee, dass die Regierung auf eigene Kosten die Zwangsumsiedlung von 3.500 Dorfbewohnern durchführt, die sich bislang weigern, ihre Häuser zu verlassen.

Verteilt wird der für die Soldaten kostenlose Grundbesitz nach einem festen Schema. So kann nach Angaben des pakistanischen

Militärexperten Abdurrahman Siddiqi ein Unteroffizier mit 13 Hektar rechnen, während ein General sich über fast 100 Hektar freuen darf[4]. Ein angenehmer Nebeneffekt zumindest für die Großgrundbesitzer aus dem Offizierskorps: Bei der Bestellung des Guts müssen auch schon mal einfache Soldaten Hand anlegen – auf Kosten des Steuerzahlers, versteht sich. Denn stellvertretend für die Armee wollen und sollen Offiziere auch in ihrer Rolle als Landeigentümer öffentlich Macht und Autorität demonstrieren, sowohl gegenüber den Nachbarn als auch gegenüber Untergebenen, ganz gleich ob es sich um landlose Bauern oder einfache Soldaten handelt. Die mit Steuermitteln finanzierte Landnahme durch die Armee und die anschließende Umverteilung an Soldaten dient also nicht nur dem Ziel der persönlichen Bereicherung zu Lasten der Allgemeinheit. Viel wichtiger ist die Idee, dadurch den sozio-politischen Wert der Armeeangehörigen – und damit der gesamten Armee – zu steigern.

Es liegt auf der Hand, dass die Politik der Landumverteilung das Verhältnis zwischen der herrschenden Elite, zu der die Armeeführung längst gehört, und dem einfachen Volk beeinflusst. Zwischen den sozialen Gruppen werden so weitere Gräben aufgerissen, alte vertieft und mit neuen Grenzen markiert. Die Militärs sind auf dem besten Weg, zu einer Art Kriegerkaste zu mutieren, die alles dominiert und keinerlei Kontrolle mehr unterworfen ist. Vor diesem Hintergrund ist kaum vorstellbar, dass die Armee bereit sein sollte, diesen privilegierten Status freiwillig aufzugeben. Ein autoritäres Regime, das jederzeit die Monopolisierung von Ressourcen erlaubt, dient den Interessen der Armee am besten. In diesem Punkt gleicht sie anderen pakistanischen Machteliten. Der einzige Unterschied: Die Militärführung ist bereits in einer so komfortablen Machtposition, »dass sie ihre eigenen Spielregeln gestalten kann, damit dies niemand Korruption nennen kann«, wie Najam Sethi, der prominente Herausgeber der pakistanischen Wochenzeitung »Friday Times«, es einmal in einem Kommentar ausgedrückt hat. Doch diese Attitüde der Ausbeutung öffentlicher und privater Ressourcen mit subtilen Mitteln hat weitreichende Konsequenzen: Auch die Institution, die für sich in Anspruch nimmt, Hüter der nationalen Einheit zu sein, vergrößert mit ihrer Gutsherrenart nur noch die Kluft zwischen dem Zentrum, den Regionen und den verschiedenen Ethnien.

Feudalherren und Stammesfürsten kontra Zivilgesellschaft und Rechtsstaat

Ein Diktator als Präsident, täglicher Bombenterror und Attentate auf Politiker. Viele Beobachter sind sich einig: Demokratie-Defizit und der Taliban-Terror degradieren die Atommacht Pakistan allmählich zum »Failed State«. Doch gibt es in einem wirklich gescheiterten Staat Tausende Anwälte, die mit der Verfassung unter dem Arm monatelang lautstark gegen Rechtsverstöße der Regierung protestieren und sich auch von Massenverhaftungen nicht abschrecken lassen? Wird man dort noch selbstbewusste Medien finden, die den Repressalien mit mutigen Kommentaren trotzen? Und wie passen die über 50 Oppositionsparteien in Pakistan ins Bild, die auf eine Parlamentswahl pochen?

Auch wenn das »Todesurteil« für Pakistan also verfrüht erscheint: Die Bombenleger hier und die Bürgerrechtler dort zeigen, dass das Verhältnis zwischen Staat und Bevölkerung in einer tiefen Krise steckt und sich beachtlicher Korrekturbedarf angestaut hat. Beim Versuch, die Hintergründe zu verstehen, stößt man jedoch unweigerlich auf eine der irritierendsten Merkwürdigkeiten der pakistanischen Politik: Warum nur, so fragt sich der flüchtige Beobachter im Westen, reagiert ein Staat in dieser Situation so zahnlos gegenüber Attentätern, aber so aggressiv gegenüber friedlichen Demonstranten? Fürchtet er etwa die Paragraphen der

Anwälte, die Feder der Journalisten und die Zunge der Politiker mehr als die Sprengsätze der Terroristen? Ist denn diese attackierte Zivilgesellschaft nicht eigentlich die beste Verbündete im Kampf gegen die Gewalt?

Staat und koloniales Erbe

Die Antworten auf diese Fragen findet man, wenn man sich die historischen Fundamente anschaut, die bis heute den Staat in Pakistan tragen, ganz gleich ob er gerade in der Hand eines Militärdiktators oder einer gewählten Regierung ist. Die Tendenz zum autoritären Durchgreifen gegenüber den eigenen Bürgern durchzieht die pakistanische Geschichte als ein von der jeweiligen Regierungsform unabhängiges Kontinuum. Zum Verständnis muss man sich vor Augen halten, unter welchen Umständen und besonderen Bedingungen Staat und Zivilgesellschaft auf dem Boden des heutigen Pakistans entstanden sind und sich entwickelt haben. In Europa rangen Regierung und Bürger nach dem Zusammenbruch der agrarischen Feudal-Ordnung um ihre Rechte und Pflichten, was zu einer zeitgleichen und gemeinsamen Entwicklung von Staat und Zivilgesellschaft führte.

In Pakistan, ihrem südasiatischen Kolonialreich, installierten die Briten hingegen zunächst nur einen Staat, der vor allem der möglichst effizienten Ausbeutung seiner Bürger diente. Sämtliche Instrumente eines modernen Landes wie Bürokratie, Justiz, Rechtssystem, Armee, Bildung, Verkehrsinfrastruktur sowie Handels- und Finanzsystem waren diesem obersten Ziel untergeordnet. Die Zivilgesellschaft entwickelte sich erst deutlich später, und ihre wichtigsten Teile standen zumeist in Opposition zu den Kolonialherren.

Da weite Gebiete des heutigen Pakistans, abgesehen von der nördlichen Hälfte des Punjab mit seinem Bewässerungssystem, für die Briten wirtschaftlich uninteressant waren, verzichtete man dort auf kostspielige Investitionen. Stattdessen beschränkte man sich darauf, die bestehenden politischen Strukturen so aufzubrechen, dass in der unruhigen Randzone des Imperiums wenigstens ein Mindestmaß an Stabilität und Ruhe einkehrte. Zu diesem Zweck überschrieben die Briten vor allem im Punjab und im Sindh den lokalen Adligen riesige Landgüter samt absoluter Verfügungsgewalt darüber – mit der Auflage, im Gegenzug für Ruhe unter den dort lebenden Bauern zu sorgen. Das Kalkül der Kolonialherren ging auf, wurde aber nach der Unabhängigkeit zu einer großen Hypothek für Pakistan. Denn als Folge der britischen Landschenkungen an die kooperationsbereiten einheimischen Eliten verteilt sich der Landbesitz auch heute noch überwiegend auf einige wenige Aristokraten-Familien[5], die gleichzeitig die meisten und mächtigsten Politiker stellen. Die Bhuttos, Legharis, Pagaros, Qureshis, Mazaris und Gilanis sind einige dieser Feudal-Dynastien, deren Namen regelmäßig in den Kabinettslisten und auf politischen Spitzenpositionen auftauchen und die traditionell mehr als die Hälfte aller Parlamentsabgeordneten stellen. Auch die Makhdooms, die Familie des neuen PPP-Spitzenkandidaten Makhdoom Amin Fahim, dem man im Vorfeld der Wahl vom 18. Februar bei einem fairen Verlauf Chancen auf den Posten des Premierministers zutraute, gehören zu dem illustren Kreis.

Brisant ist mit Blick auf diese besondere Politiker-Kaste weniger die ungerechte Größe ihres Besitzes, sondern vielmehr die Art und Weise, wie die Landlords auf ihren privaten Gütern wirtschaften.

Landlords zwischen Spitzenpolitik und Leibeigenschaft

Die Feudalherren haben noch heute eine nahezu absolute ökonomische Macht über die Bauern, die ihr Land bearbeiten. Am Beispiel des Sindh lässt sich dieses System gut veranschaulichen: Sogenannte *Haris* erhalten vom Gutsherrn die Erlaubnis, dessen Äcker zu bearbeiten. Hierfür gibt der Landlord den Pächtern einen Kredit, damit sie Saatgut und benötigte Werkzeuge kaufen können. Ist die Ernte dann eingebracht, erhält der Landbesitzer die

Hälfte davon – zuzüglich der Zinsen für den Kredit, die oft im Wucherbereich liegen. Auf diese Weise werden die *Haris* auf Subsistenz-Niveau gehalten, ohne jede Aussicht, ihrem Schicksal zu entrinnen. Zudem sind sie oft schon seit Generationen auf Gedeih und Verderb der Gnade des Grundherrn ausgeliefert, da dieser die Pächter jederzeit von seinem Land vertreiben kann; ein Umstand, den die Politiker in ihren Heimatwahlkreisen gerne nutzen, um bei Wahlen ihre Abgeordnetenmandate in trockene Tücher zu bringen. Aber auch zu Diktaturzeiten blieb und bleibt der Einfluss der Feudal-Aristokraten ungebrochen, da sie über das Geld verfügen, um sich Einfluss kaufen und Unterstützung anbieten zu können. Tatsächlich sind mindestens zwei Militärputsche mit Hilfe der Landlords umgesetzt worden. 1953 war es Khwaja Nazimuddin, der nach einer versuchten Landreform gestürzt wurde, und 1977 Zulfikar Ali Bhutto, der sich ebenfalls mit mehreren Landreformgesetzen bei seinen Standesgenossen unbeliebt gemacht hatte. Die beiden Diktatoren Ayub Khan und Zia-ul Haq machten jeweils die von ihren Vorgängern verabschiedeten Gesetze wieder rückgängig. Auch Musharraf legte noch 2007 eine Landreform-Gesetzesinitiative seines Premierministers auf Eis, als dessen Minister – zumeist Landlords – sich weigerten, darüber auch nur zu diskutieren.

Vergegenwärtigt man sich nun die Sichtweise eines solchen Feudalherrn und dessen eigennützige Interessenlage, wird rasch klar, warum dieser große politische Einfluss so verheerend wirkt. Weil Macht und Wohlstand eines Großgrundbesitzers in erster Linie auf der Ausbeutung landloser Bauern beruht, muss er möglichst alles verhindern, was deren Lage verbessert: Bildung, Landreformen, wirtschaftliche Alternativen oder Rechtsschutz.

Diese Agenda wird tatsächlich konsequent – wenn auch geschickt und oft verdeckt – umgesetzt. Das führt unmittelbar zu den eingangs gestellten Fragen und zu einer Formel, die das eigenartige (Fehl-)Verhalten des Staates gegenüber seiner Zivilgesellschaft erklärt: Die Elite Pakistans versucht aktiv, Entwicklung in ihrem Land zu verhindern. Oder um es mit den etwas blumigeren Worten des pakistanischen Politologen Sharif Shuja zu sagen: »So wie das Salz in Pakistans Erde das Wachstum von Getreide und Gemüse beeinträchtigt, so behindert der feudale Einfluss auf die Politik des Landes das Wachstum der Demokratie.«

Die Gewährleistung von Schulbildung, Sicherheit und Menschenrechten sind Kernaufgaben eines Staates. Doch da sich die Landlords dafür nicht erwärmen können, sind sie auch nicht bereit, dafür zu bezahlen: So wurden von der Regierung im Punjab in den letzten Jahren lediglich 28 Millionen Euro Steuern auf landwirtschaftliche Einkommen eingenommen. Die durch Steuerhinterziehung entgangenen Einnahmen schätzten die Experten auf rund 625 Millionen Euro. Vor diesem Hintergrund überrascht es wenig, dass Pakistan zwar ein teures Atomwaffenprogramm und eine mit großzügigen Privilegien ausgestattete Armee unterhält, aber in den weltweiten Statistiken der entwicklungsrelevanten Daten bei Werten wie Armut, Kindersterblichkeit und Alphabetisierung auf den hinteren Rängen zu finden ist.

Und wer füllt das Vakuum, das der Staat hinterlässt? Auf dem Land existieren viele Schulen nur auf dem Papier, oder man findet ungenutzte Gebäude ohne Schüler und Lehrer. *Madrassahs*, religiöse Schulen, schließen diese Lücke und schießen längst nicht mehr nur in der NWFP und in Balutschistan aus dem Boden, sondern auch flächendeckend im Punjab und im Sindh. Dagegen können sich die Landlords anscheinend nicht mehr zur Wehr setzen. In der NWFP trägt die geduldige islamische Bildungsarbeit schon erste Früchte: Die Macht der traditionellen Stammesfürsten scheint zu schwinden.

Zwischen Globalisierung und Gewalt: Pakistan im Griff der Kalaschnikow-Kultur

Es gibt wohl nur wenige Länder, in denen uralte Kulturen und Traditionen in derart scharfem Kontrast auf Phänomene der Moderne treffen. Vom Stammesältesten bis zum Software-Ingenieur, von der Teppichmanufaktur bis zum Kernkraftwerk und vom Ochsenkarren bis zur Mittelstreckenrakete reicht die Palette der Gegensätze, die das Kaleidoskop Pakistan zu bieten hat. Weltwirtschaft und Globalisierung heißen die gewaltigen Kräfte, die eine Region mit 6.000-jähriger Geschichte in kürzester Zeit ins 21. Jahrhundert katapultiert haben. Marktwirtschaft und Industrialisierung erschüttern das Sozialgefüge, Landflucht lässt die Städte explodieren, Immobilienspekulationen machen die Angehörigen der Oberschicht zu Multimillionären, und neue Massenarmut füllt die Elendsquartiere.

Vollends entfesselt wurden diese gegenläufigen Entwicklungstrends durch den Privatisierungskurs der Sharif-Regierung zu Beginn der neunziger Jahre und die von den Geberländern (allen wichtigen Industrieländern, die im sogenannten »Paris Club« zusammengeschlossen sind) in derselben Dekade durchgesetzten Strukturanpassungsmaßnahmen. Doch während seitdem Investoren von gesenkten Zöllen profitieren, leidet das Gros der Bevölkerung unter steigenden Lebensmittel- und Energiepreisen aufgrund gestrichener staatlicher Subventionen und höherer Steuern. Die Folge: Die Schere zwischen Arm und Reich klafft immer dramatischer auseinander. Und da der Staat wegen chronisch leerer Kassen – zwei Drittel des Finanzhaushalts sind für Rüstung und Schuldendienst reserviert – kaum in Gesundheitssystem, Trinkwasserversorgung und Wohnungsbau investiert, werden die Lebensbedingungen in den Millionenmetropolen für breite Bevölkerungsschichten immer unerträglicher. Der Traum vom besseren Leben in der Stadt, der Kleinbauern und Landarbeiter in Heerscharen nach Lahore oder Karatschi ziehen lässt, platzt für die meisten wie eine Seifenblase und mündet in Apathie oder Verzweiflung. Eine der Konsequenzen: Zwischen 2000 und 2005 haben laut einer aktuellen Weltbankstatistik mehr als 1,8 Millionen Pakistani ihre Heimat in Richtung Golfregion, USA und Europa verlassen.[6] Pakistan hat somit die zweithöchste Auswandererquote weltweit und liegt damit nur knapp hinter China.

Eine weitere Auswirkung: Kriminalität und Gewalt greifen in den großen Städten um sich und machen vor allem nachts ganze Viertel zu »No-Go-Areas«. Raubüberfälle, Auto- und Motorraddiebstähle und Entführungen sind an der Tagesordnung. Wie der aktuelle Jahresbericht der regierungsunabhängigen pakistanischen Menschenrechtskommission auflistet, ereigneten sich 2005 landesweit fast 10.000 Morde.

Wenn es einen Anlass wie den Anschlag auf Benazir Bhutto gibt, entlädt sich die aufgestaute Frustration und Wut in einer Orgie der Zerstörung, die sich in erster Linie gegen alles wendet, was mit dem Staat verbunden wird: öffentliche Busse, Polizeistationen und Behördengebäude. Wer es sich leisten kann, zieht in Viertel wie Defence oder Clifton in Karatschi, die von Sicherheitskräften hermetisch abgeriegelt werden. Die Residenzen verbergen sich dort hinter hohen Mauern, bewehrt mit Stacheldraht oder Glassplittern und bewacht von mehreren Bewaffneten. Außerhalb der Villenviertel beschränkt sich die Polizei in Karatschi darauf, die Geschäftszentren, Verkehrsknotenpunkte und die wichtigsten Durchgangsstraßen abzusichern. In den Armutsquartieren aber haben vielfach Mafiabanden das Heft fest in der Hand. Üppige Einnahmen aus dem Drogengeschäft investieren die Bosse in kleine Privatarmeen, die in ihrem Revier das Gewaltmonopol behaupten. Für Jugendliche ohne Zukunftsperspektive sind diese Gangs oft die einzige Chance, um sich ihren Lebensunterhalt zu verdienen.

Gehandelt wird vor allem mit Heroin, Opium und Morphinen, die über Afghanistan ihren Weg nach Karatschi finden, einem wichtigen Drehkreuz für den Drogenexport in alle Welt. Experten gehen davon aus, dass rund 90 Prozent des Heroins, das in Deutschland konsumiert wird, seinen Weg über die Schlafmohnfelder Afghanistans und die Veredelungslabors in Pakistan zu uns findet. Ein lohnendes Geschäft, wenn man bedenkt, dass eine Fünf-Gramm-Heroinzigarette in Karatschi schon für umgerechnet 50 Cent zu haben ist, in Deutschland ein Gramm reines Heroin aber für etwa 80 Euro verkauft wird.

Die Kehrseite der Medaille: Auch in Pakistan nimmt der Drogenkonsum bedrohliche Ausmaße an. Der 2007 von den Vereinten Nationen veröffentlichte Weltdrogenbericht schätzt die Zahl der Abhängigen auf bis zu vier Millionen, darunter 500.000 Heroinkonsumenten (zum Vergleich: In Deutschland gibt es rund 120.000 Heroinabhängige). Damit ist Pakistan der größte Drogenmarkt der Welt.

Die Folgen dieser gigantischen Schattenwirtschaft mit einem Volumen von geschätzten bis zu 1,5 Milliarden Euro sind weitreichend. Nicht nur der Bauboom in Karatschi und anderen Städten wird von Experten mit reinvestierten Drogeneinnahmen in Verbindung gebracht. Mit Drogengeldern werden auch Beamte bestochen, Waffen gekauft, Aufstände finanziert und Wahlkämpfe bezahlt. Das lukrative Geschäft mit den Drogen verschärft in gefährlicher Weise den Trend einer Kriminalisierung der Gesellschaft, destabilisiert die staatlichen Institutionen und finanziert diverse militante Konflikte.

Dieser teuflische Cocktail aus Konflikten, Drogenmarkt und Waffenhandel, den Journalisten »Kalaschnikow-Kultur« getauft haben, ist ein Erbe des Afghanistan-Krieges. Als ab 1980 mehr als drei Millionen Afghanen vor der sowjetischen Invasionsarmee nach Pakistan flüchteten, formierte sich in den riesigen Flüchtlingslagern von Peschawar und Quetta auch der Widerstand der Mujaheddin. Um die Waffenlieferungen aus den USA und anderen NATO-Ländern, die nicht immer kostenlos waren, bezahlen zu können, weiteten die paschtunischen Bauern beiderseits der afghanisch-pakistanischen Grenze die traditionellen Opium-Anbauflächen erheblich aus. Rasch entstand ein Marktkreislauf, der von den Schlafmohnfeldern im Hindukusch über die Veredelungslaboratorien in Pakistan bis hin zum Export über Karatschi und die pakistanisch-iranische Grenze reichte. Die US-Regierung schaute dem Treiben bis in die neunziger Jahre gelassen zu – sehr zum Ärger der Europäer. Der Hintergrund: Das von Pakistan aus exportierte Opium und Heroin war ausschließlich für den europäischen und asiatischen Markt gedacht, nicht für den amerikanischen. Und das heimliche Einverständnis ging noch weiter: In späteren Jahren tauchten im Rahmen eines Bankenskandals in der pakistanischen Presse Dokumente auf, aus denen hervorging, dass damals Waffengeschäfte und Drogendeals teilweise sogar über dieselben CIA-Konten abgewickelt wurden. Nach dem Sturz der Taliban durch die US-Armee erfuhr die bewährte Kooperation in Afghanistan eine Renaissance in abgewandelter Form: Um die Taliban auf Dauer leichter in Schach zu halten, holte Washington ins Ausland verjagte Mujaheddin-Veteranen und Drogenbarone zurück und gewährte ihnen im Gegenzug für ihre Dienste die Erlaubnis, den Schlafmohnanbau wieder aufzunehmen. Die Opium-Anbauflächen in Afghanistan vergrößerten sich von 8.000 Hektar im Jahr 2001 auf 165.000 Hektar im Jahr 2006. Im Kielwasser dieses Trends wird nun auch der pakistanische Nachbarmarkt verstärkt mit billigen Narkotika überschwemmt.

Parallel zum Drogenmarkt entwickelte sich in Pakistan im Windschatten des Afghanistan-Konfliktes auch ein blühender Waffenmarkt. Im Fokus standen hier die Stammesgebiete entlang der Grenze, die für dieses Geschäft ihre Autonomierechte geschickt als Standortvorteil nutzten. Da in den FATA vom pakistanischen Parlament verabschiedete Gesetze nicht gelten, mussten die im Rest des Landes üblichen Verbote der Herstellung und des Verkaufs von

Waffen nicht beachtet werden. Der Markt boomte, und in den kleinen Ortschaften entlang der Durchfahrtsstraßen verwandelten sich ganze Häuserzeilen in Waffenbasare, die in ihrem Sortiment auch heute noch alles von der Pistole im Kugelschreiberformat über Maschinenpistolen bis hin zu Flugabwehrkanonen und Raketen führen. Ein hier und da am Eingang pendelndes Ziegenfell weist die Kunden diskret darauf hin, dass dort auch Heroin, Opium oder Cannabis feilgeboten wird. In Darra Adam Khel schließlich, keine 40 Kilometer südlich der Millionenstadt Peschawar, werden Waffen nicht nur gehandelt, sondern auch hergestellt. Dutzende Manufakturen haben sich hier darauf spezialisiert, einsatzfähige Kleinwaffen aller Art wie Kalaschnikows, G-3 oder Uzis zu kopieren – inklusive Seriennummer.

Was zunächst nur dazu gedacht war, über den Eigenbedarf hinaus vor allem die Nachfrage im benachbarten Kriegsgebiet zu befriedigen, entwickelte sich allmählich auch für ganz Pakistan zum Exportschlager. Schnell erweiterte sich der Kundenstamm um Balutschen-Krieger, kaschmirische Separatisten und militante Islamisten, die ihre Flinten und Vorderlader gegen moderne Schnellfeuergewehre tauschten. Das allgemeine Aufrüsten im pakistanischen Hinterland führte dazu, dass bei den schon vorher üblichen Scharmützeln zwischen verfeindeten Stämmen die Opferzahlen in kürzester Zeit in die Höhe schnellten. Das Blutracheprinzip ließ auch Konflikte rasch eskalieren, die früher noch begrenzt blieben. Heutzutage ist es keine Seltenheit, dass in der NWFP oder in Balutschistan bei solchen bisweilen kriegsähnlichen Kämpfen auch Raketen, Bomben, Mörser oder Minen zum Einsatz kommen. Allein in Balutschistan zählten die HRCP-Beobachter (*Human Rights Commission of Pakistan*) 2006 mehr als 2.100 Raketeneinschläge, fast 300 Bomben- und rund 150 Minenexplosionen. Die Zahl der Toten und Verwundeten ging dabei in die Hunderte. Landesweit sind es derzeit sicher mehrere tausend Menschen, die innerhalb eines Jahres bei Kämpfen oder Attentaten sterben.

Dieser traurige Mix aus hausgemachter Kalaschnikow-Kultur, unbedacht handelnden ausländischen Akteuren und einer völlig an den Bedürfnissen breiter Bevölkerungsschichten vorbeigehenden Wirtschafts- und Sozialpolitik des Staates bilden den Humus für Bewegungen wie die Taliban. Selbst Terrorgruppen, die Attentäter als lebende Bomben einsetzen wie im Falle der beiden Anschläge auf Benazir Bhutto, finden in diesem Bodensatz der verzweifelten Verlierer anscheinend reichlich Kandidaten. Allein in der zweiten Jahreshälfte 2007 kamen bei solchen Terrorakten – vor wenigen Jahren in Pakistan noch völlig unbekannt – etwa 900 Menschen ums Leben. Aber ist nicht im Grunde jeder Selbstmord – auch in Gestalt eines Attentates – so etwas wie ein finaler Hilfeschrei?

Die politischen Parteien

Es gibt in Pakistan rund 150 politische Parteien, wobei allerdings manche nur aus ihrem Gründer und seinen Angehörigen bestehen. Zu den Wahlen vom 18. Februar 2008 treten dementsprechend nur 49 an. Die meisten Parteien orientieren sich eher an ihrem Führer als an einem Programm. Die autoritäre Denk- und Handlungsweise der meisten aktiven Politiker verhindert auch, dass sich innerhalb der Parteien so etwas wie innerparteiliche Demokratie entwickeln konnte. Die einzigen Parteien, die bei Personalentscheidungen um den Vorsitz mehr als einen Kandidaten zur Auswahl hatten, sind die ANP und einige der religiösen Parteien. Da in einer Partei aufgrund dieser Verhältnisse selten Platz für mehr als eine starke politische Persönlichkeit ist, sind Spaltungen an der Tagesordnung. Um dennoch gemeinsame politische Ziele zu erreichen oder eine Wahl zu gewinnen, schließen sich Parteien zu Bündnissen zusammen, die allerdings in der Regel nur von kurzer Dauer sind. Diese Bündnisse sind unter den Bedingungen des in Pakistan geltenden Mehrheitswahlrechts für kleinere Parteien lebenswichtig, denn nur die Partei, die nach der Stimmauszählung in einem Wahlkreis vorne liegt, bringt ihren Kandidaten ins Parlament. Eine Zweitstimme für eine von den Parteien landesweit aufgestellte Kandidatenliste wie im deutschen Verhältniswahlrecht gibt es nicht. Allerdings führte Musharraf schon zu den Wahlen 2002 eine Variante dieses Verfahrens ein. Nach dem offiziellen Urnengang dürfen die Parteien nach den Regeln des Mehrheitswahlrechts über die vergebenen 272 Sitze weitere eigene Abgeordnete ins Parlament entsenden. Diese insgesamt 70 Sitze sind für Frauen (60 Sitze) und für Vertreter religiöser Minderheiten (10 Sitze) reserviert. Sie werden proportional zur Anzahl der gewonnenen Abgeordnetenmandate auf die Parteien verteilt.

Somit umfasst das pakistanische Parlament, die Nationalversammlung, 342 Abgeordnete. Die alte, von der Verfassung vorgesehene Regelung sah ein Parlament mit nur 272 Abgeordneten vor. Der Hintergrund von Musharrafs Veränderung: Nun kann selbst ein hauchdünner Vorsprung beim eigentlichen Wahlgang genügen, um einer Partei im Parlament eine deutliche Mehrheit zu verschaffen. Dank dieser Stellschraube reichen selbst geringe und damit unauffällige Manipulationen aus, um einer bestimmten Partei den Sieg zuzuschanzen. Der Effekt lässt sich am Beispiel der Wahlen von 2002 erläutern: Die Musharraf-Partei PML-Q kam dabei nach der Abstimmung auf 78, die Oppositionsparteien PPP auf 62 und die PML-N auf 15 Mandate, zusammen also auf 77. Nach der Auffüllung durch die Quoten-Abgeordneten verfügte die PML-Q über 117 Sitze gegenüber 80 für die PPP und 19 für die PML-N, die zusammen demnach nur 99 Sitze hatten. So verwandelte sich eine Zitterpartie im Parlament höchst elegant in eine komfortable Mehrheit. Da von dieser Manipulation des Wahlsystems, die Musharraf per Dekret verfügte, Frauen und Minderheiten profitierten, wagten selbst die sonst sehr kritischen Wahlbeobachter der Europäischen Union nicht, diesen Eingriff zu kritisieren. Als äußerst wirksam, um die Wahlen zu beeinflussen, erwies sich folgendes Instrument:

Mit einem weiteren Dekret im Vorfeld der Wahl 2002 wurde bestimmt, dass ein Hochschulabschluss erforderlich ist, um für einen Parlamentssitz kandidieren zu dürfen. Für viele kritisch eingestellte Politiker in den Rängen der PPP und der PML-Q bedeutete dies das Aus, da die Landlords und Feudalherren selten über eine akademische Ausbildung verfügen. Musharraf-freundliche Volksvertreter und all diejenigen, die bereit waren, zu der von ihm protegierten PML-N überzulaufen, erhielten auf Wunsch das erforderliche Diplom innerhalb von Tagen per Post zugeschickt. Kopien dieser Briefe und Urkunden wurden später der pakistanischen Presse zugespielt und veröffentlicht. Vor diesem Hintergrund wird noch deutlicher, wie im pakistanischen Staat die machtpolitische Doppelspitze zwischen Militärführung und Großgrundbesitzern funktioniert – und wie gleichzeitig die parlamentarische Demokratie zu Tode manipuliert wird. Mächtige Minderheiten fürchten naturgemäß nichts mehr als Mehrheitsentscheidungen.

Doch auch die Politiker mit Rückgrat, die sich nicht korrumpieren ließen, bewiesen Bauernschläue: So schickten viele der ausgebooteten Nicht-Akademiker in den Rängen der Oppositionsparteien einfach einen engen Verwandten ins Rennen, mitunter die eigene Ehefrau. Die Erklärung: Da Bildung bei vielen Großgrundbesitzern als Statussymbol gilt, ehelichen die Landlords bevorzugt Frauen mit Abschlüssen renommierter Universitäten. Und so gelangten dann auch ohne Frauenquote zwölf weibliche Abgeordnete ins Hohe Haus.

Nachfolgend werden die wichtigsten Parteien des Landes kurz vorgestellt. In Pakistan verwendet man meist nur ihre Abkürzungen, deshalb werden sie hier ebenfalls so aufgeführt.

Die wichtigsten nicht-religiösen Parteien

PPP *(Pakistan Peoples Party)*
1967 vom früheren Präsidenten und Premierminister Zulfikar Ali Bhutto als gemäßigt sozialistische Volkspartei und demokratische

Alternative zur damaligen Militärdiktatur unter Ayub Khan gegründet, ist die PPP die älteste unter den nicht-religiösen Parteien Pakistans. Das heutige Parteiprogramm zeigt nur noch undeutliche Konturen; es richtet sich aber immer noch vor allem an die unterprivilegierten Schichten und war bis zur Ermordung Benazir Bhuttos stark auf die Parteivorsitzende und die Verehrung des Parteigründers ausgerichtet. Geblieben sind vom sozialistischen Erbe nur einige immer noch populäre Slogans wie das Parteimotto »Unsere Religion heißt Islam, unsere politische Ordnung heißt Demokratie, unser Wirtschaftssystem heißt Sozialismus« oder die Parole »Roti, Kapra, Makan« (etwa: »Brot, Kleidung, Unterkunft«). Die PPP ist die einzige echte Volkspartei Pakistans, die in allen vier Flächenprovinzen Abgeordnetensitze gewinnen kann. Sie war in den Jahren von 1971 bis 1977 unter Zulfikar Ali Bhutto und dann von 1988 bis 1990 sowie von 1993 bis 1996 jeweils unter Benazir Bhutto Regierungspartei. Alle drei Regierungsphasen wurden durch das Eingreifen der Armee beendet. In der 2002 gewählten Nationalversammlung war die PPP trotz der Manipulationen im Vorfeld zunächst mit dem guten Resultat von 62 Sitzen vertreten und damit die größte Oppositionspartei. Auf Betreiben der Musharraf-Administration spaltete sich jedoch schon wenige Wochen später eine zehnköpfige Dissidentengruppe ab, die als *Forward Bloc* ins Regierungslager überlief. Sechs von ihnen wurden für diesen Verrat anschließend mit Ministerämtern belohnt.

Nach dem Tod Benazir Bhuttos wurde ihr ältester Sohn, der 19-jährige Bilawal Bhutto Zardari, zum Parteivorsitzenden bestimmt. Als geschäftsführender 2. Vorsitzender fungiert der Bhutto-Witwer Asif Zardari, einst im ersten Kabinett seiner Gattin skandalumwitterter Investitionsminister. Da Bilawal aus Altersgründen und Asif Zardari wegen Vorstrafen bei den Parlamentswahlen nicht antreten konnten, bestimmte das Zentral-Komitee der Partei den bisherigen PPP-Oppositionsführer Makhdoom Amin Fahim zum

Spitzenkandidaten für das Amt des Premierministers. Die PPP wurde übrigens vor fast 20 Jahren auf Betreiben des früheren Bundeskanzlers und SPD- und SI-Vorsitzenden Willy Brandt als Mitglied in die »Sozialistische Internationale« aufgenommen, einer Art Weltdachverband der Sozialdemokratie.

PML-N

Die PML-N ist ein nach dem langjährigen Parteivorsitzenden und früheren Premierminister Nawaz Sharif benannter Mehrheitsflügel der *Pakistan Muslim League,* zurzeit Oppositionspartei mit guten Aussichten bei den Wahlen im Februar 2008. Die PML-N gilt als zentralistisch, konservativ, industriefreundlich und marktwirtschaftlich.

Die PML wurde 1985 nach Aufhebung des 1977 verhängten Parteienverbots als Wahlverein des von Militärdiktator Zia-ul Haq eingesetzten Premierministers Mohammed Khan Junejo gegründet. Mit der nicht mehr existierenden *All India Muslim League* und späteren *Muslim League* des pakistanischen Staatsgründers Muhammad Ali Jinnah hat die PML nichts zu tun, obwohl die politische Führung ihre Partei gerne in diese Traditionslinie zu rücken versucht. Zwischen 1997 und 1999 stellte die PML-N mit einer Zweidrittel-Mehrheit die Regierung. Der Militärputsch im November 1999 verdrängte die PML-N-Regierung von der Macht. Nawaz Sharif wurde ins saudi-arabische Exil gezwungen. In den folgenden Jahren liefen daraufhin nach parteiinternen Machtkämpfen und auf Drängen der Militäradministration zahlreiche Spitzenpolitiker zu anderen Parteien über, vorzugsweise zu der neugegründeten *Pakistan Muslim League Quaid-e-Azam.* Bei den Wahlen von 2002 erhielt die PML-N nur 14 Sitze und erlitt eine schwere Niederlage. Als Parteivorsitzender fungiert derzeit Shabaz Sharif, ein Bruder von Nawaz Sharif, da Letzterer nach seiner Rückkehr aus dem Exil im Dezember 2007 von der Wahlkommission nicht als Parlamentskandidat zugelassen wurde. Die

Sharif-Brüder entstammen einer Unternehmer-Familie, was die massiven Interessenkonflikte mit der PML-Q, aber auch mit der PPP erklärt. Die Sharif-Familie hatte in den siebziger Jahren durch die Verstaatlichungspolitik Zulfikar Ali Bhuttos ihr Industrie-Imperium verloren.

PML-Q *(Pakistan Muslim League-Quaid-e-Azam)*
Die PML-Q, eine Abspaltung von der PML-N, ist aus einer parteiinternen Rebellengruppe hervorgegangen, die sich Ende der neunziger Jahre aus Widerstand gegen den zunehmend autoritären Führungsstil von Nawaz Sharif gebildet hatte. Unter dem Namen PML-Q trat die Partei erstmals bei den Kommunalwahlen 2001 an und entwickelte sich nach dem Militärputsch zum Sammelbecken der Teile der politischen Klasse – vornehmlich Großgrundbesitzer und Feudalherren –, die zur Kooperation mit der Militäradministration bereit waren. Die PML-Q wird deshalb auch spöttisch als *King's Party* oder auch *Qainchi Party* (etwa: Spalterpartei) bezeichnet. Die meisten ihrer Parlamentsabgeordneten haben in ihrer Karriere schon mehrfach die Parteizugehörigkeit gewechselt und waren noch nie in der Opposition. Zu den prominenten Mitgliedern gehört unter anderem auch Ejaz-ul Haq, der Sohn des früheren Militärdiktators Zia-ul Haq. Bei den – manipulierten – Parlamentswahlen 2002 gewann die PML-Q 78 Sitze und stieg zur stärksten politischen Kraft im Land auf. Mit Zafarullah Khan Jamali und zuletzt Shaukat Aziz stellte die PML-Q seit Ende 2002 den Premierminister. Parteivorsitzender ist Chaudhry Shujaat Hussain, der in seiner Karriere in mehrere große Polit-Affären und Finanzskandale verwickelt war. Er gehörte in den achtziger Jahren zu den Anhängern Zia-ul Haqs und dessen Islamisierungspolitik. Shujaat Hussains Vater wurde aus Rache für die Hinrichtung Zulfikar Ali Bhuttos von einer PPP-nahen Terrororganisation namens *Al Zulfikar Organization* (AZO) unter der Führung von Benazirs Bruder Murtaza Bhutto ermordet.

MQM (*Mohajir Qaumi Movement,* **Volksbewegung der Mohajir**)
Die nach ihrem derzeit im Londoner Exil lebenden Gründer und Vorsitzenden Altaf Hussain auch als MQM-A bezeichnete Partei ging 1984 aus der *All Pakistan Mohajir Student Organization* (APMSO) hervor. Sie etablierte sich als politische Interessenvertretung der nach der Gründung Pakistans aus Indien eingewanderten Mohajirs – urdusprachigen, überwiegend aus Uttar Pradesh stammenden Muslimen –, die heute in den sindhischen Großstädten Hyderabad und Karatschi die größte Bevölkerungsgruppe stellen. Nach einem ersten Erfolg in ihren Hochburgen bei den Kommunalwahlen von 1987 mauserte sich die MQM unter der straffen Führung Altaf Hussains zu einer schlagkräftigen, gut organisierten Kaderpartei, die vor allem im Milieu der von den übrigen Parteien vernachlässigten Mittelschichten Fuß fassen konnte. Aus den Wahlen von 1997 ging die MQM-A als drittstärkste Kraft hervor. In dem 2002 gewählten Bundesparlament war sie mit 13 Abgeordneten vertreten und unterstützte an der Seite der PML-Q das Musharraf-Regime. Die MQM spielte in dem inzwischen abgeflauten bürgerkriegsähnlichen Konflikt in Karatschi eine Schlüsselrolle. Sie steht wegen der traditionellen Rivalität zwischen Sindhis und Mohajirs in Dauerkonfrontation mit der PPP, die wiederum sindhische Interessen vertritt.

ANP (*Awami National Party,* **Nationale Volkspartei**)
Die ANP ist 1986 aus dem Zusammenschluss mehrerer kleinerer Parteien hervorgegangen und verbindet Sozialismus (links von der PPP) und Regionalismus, besonders in der NWFP. Sie gilt als Partei der Paschtunen, die außerhalb der Stammesgebiete leben, und ihre Hochburg findet sich im Großraum Peschawar. Die ANP ist für die Verstaatlichung der Industrie, freie Schulen, größtmögliche Provinzautonomie, Umbenennung der NWFP in *Pakhtunkhwa* (»Land der Paschtunen«), drastische Beschneidung der Verteidigungsausgaben sowie freundschaftliche Beziehungen zu den Nach-

barstaaten. Außerdem leistet die ANP Widerstand gegen ein auf dem Gebiet der NWFP geplantes großes Staudammprojekt am Indus (Kalabagh). In der 1997 gewählten Nationalversammlung stellte die ANP mit neun Abgeordneten die viertstärkste Fraktion. 2002 konnte sie dagegen als Opfer der Wahlmanipulationen zugunsten der islamistischen MMA kein einziges Mandat gewinnen. Chef der ANP ist Asfandyar Wali Khan, Sprössling einer einflussreichen Politiker-Dynastie in der NWFP.

BNP *(Balochistan National Movement)*

Die Parteienlandschaft des dünn besiedelten Balutschistan ist extrem zersplittert. Die im Dezember 1996 gegründete BNP ist ein Versuch, in der von Stammesrivalitäten und dem ethnischen Konflikt zwischen Balutschen und Paschtunen geprägten Provinz wenigstens einen Teil der kleineren nationalistischen Parteien der Balutschen zu vereinen. Zu den Zielen der BNP gehören eine neue Demarkation der Provinzgrenzen auf der Basis von Kultur, Sprache und Geschichte der jeweiligen Bevölkerung und volle Provinzautonomie für Balutschistan. Der Parteichef Akhter Mengal, einer der mächtigsten Stammesführer der Region, war von 1997 bis zum Militärputsch 1999 Ministerpräsident Balutschistans. Auch die BNP war 2002 Opfer von massiven Wahlmanipulationen zugunsten der MMA und konnte keinen Parlamentssitz gewinnen.

Jamhoori Watan Party (JWP)

Die nationalistische Balutschen-Partei JWP bildete sich nach dem Sturz der ersten Regierung von Benazir Bhutto im August 1990 auf Initiative des mächtigen Chefs des Bugti-Stammes, Akbar Khan Bugti. Die JWP strebt eine völlig autonome Selbstverwaltung Balutschistans an, von der nur die Politikfelder Verteidigung, Außenpolitik, Finanzen und Kommunikation ausgenommen bleiben sollen. Auf nationaler Ebene fordert die JWP eine Neuordnung der Provinzen nach kulturellen, ethnischen und sprachlichen Kriterien sowie größere Provinzautonomie innerhalb einer dezentraleren Föderation. Nach den manipulierten Wahlen von 2002 verschärften sich die Spannungen zwischen dem nationalistischen Lager um die JWP und der Musharraf-Regierung, was 2004 zum bewaffneten Aufstand führte. Parteipräsident und Oxford-Absolvent Bugti galt in den Augen der Regierung in Islamabad als Kopf der Rebellenbewegung, die unter dem Namen *Balochistan Liberation Front* firmiert. Bugti ging 2005 in den Untergrund und wurde im August 2006 bei einem gezielten Bombenangriff der pakistanischen Luftwaffe auf sein Versteck getötet, was die Lage noch einmal eskalieren ließ und zu hunderten Toten auf beiden Seiten führte. Rund 140.000 Menschen flohen als Folge der Auseinandersetzungen aus der Kampfzone.

Die wichtigsten religiösen Parteien

MMA *(Muttahida Majlis-e-Amal)*

Die MMA ist ein Wahlbündnis der sechs größten islamistischen Parteien des Landes, das im Vorfeld der Parlamentswahlen 2002 gegründet wurde, um mit gemeinsamen Kandidaten die Erfolgsaussichten zu erhöhen. Der militärische Geheimdienst ISI stand Pate bei der Vereinigung der zuvor tief zerstrittenen Einzelparteien und unterstützte den anschließenden Wahlkampf tatkräftig, um die großen Parteien PPP und PML-N zu schwächen und den eigenen Favoriten PML-Q an die Macht zu verhelfen. Die MMA profitierte unabhängig davon massiv von der im Land herrschenden anti-amerikanischen Stimmung, die nach der Entmachtung des afghanischen Taliban-Regimes durch die USA herrschte, und etablierte sich mit 45 Mandaten als drittstärkste politische Kraft im Land. Zudem stellte sie bis zu den Neuwahlen 2008 in der NWFP die Provinzregierung. Auf Bundesebene aber ging die MMA zur Überraschung vieler Beobachter an der Seite der PPP in die Opposition, um dem drohenden Übergewicht der Militärführung entgegenzuwirken. Während des Wahlkampfs 2007/2008 gelang es

Musharraf, zwischen die beiden wichtigsten Einzelparteien JI und JUI erste Keile zu treiben. Bis zum Redaktionsschluss war es jedoch noch nicht zum offenen Bruch gekommen. Vorsitzender ist seit 2004 JUI-Chef Fazl-ur Rehman.

JI *(Jamaat-e-Islami)*

Die 1941 von Maulana Maududi gegründete »Islamische Partei« ist innerhalb des religiösen Parteienspektrums die älteste und einflussreichste politische Bewegung, die eine islamische Ideologie und Agenda für gesellschaftliche Veränderungen entwickelte. Religiös gehört die JI dem sunnitischen Zweig des Islams an und folgt der Rechtsschule der Deobandi (mehr dazu im Kapitel »Islam, Islamisierung, Talibanisierung: Pakistan und die religiöse Frage«). Erklärtes politisches Ziel ist eine islamische Revolution in Pakistan. Mit zuletzt enttäuschendem Ergebnis versuchte die JI bislang, diesem Ziel über die Teilnahme an Wahlen näherzukommen. Die Wahlen von 1997 boykottierte die JI jedoch. Im September 1997 kündigte die Parteiführung zudem unter Protest gegen das bestehende System den völligen Rückzug aus der parlamentarischen Parteiendemokratie an. Parteiführer *(Amir)* ist seit 1987 Qazi Hussain Ahmed. Die JI gehört der MMA an. Während der Kampagne 2007/2008 drohte die JI jedoch im Widerspruch zur Linie des MMA-Vorsitzenden Fazl-ur Rehman mehrfach damit, den Urnengang wegen Manipulationen der Musharraf-Regierung zu boykottieren.

JUI *(Jamiat-e-Ulema-e-Islam)*

Die der sunnitisch-deobandischen Rechtsschule angehörende »Gemeinschaft der Gelehrten des Islams« ist unter Vorsitz von Maulana Fazl-ur Rehman zur aktuell erfolgreichsten religio-politischen Partei aufgestiegen. Begünstigt durch den Boykott der JI und der JUP war die JUI bis 1999 mit zwei Abgeordneten in der Nationalversammlung und insgesamt acht Abgeordneten in den Landtagen der Provinzen NWFP und Balutschistan die einzige religiöse Partei mit einer Präsenz in den Parlamenten. Seit 2002 gehört sie der MMA an. Die meisten Anhänger hat die JUI unter den Paschtunen der NWFP und Balutschistans. Aus ihren religiösen Schulen ging der Kern der afghanischen Taliban hervor. Während der zweiten Amtszeit von Benazir Bhutto von 1993 bis 1996 ging die JUI mit der PPP in der Afghanistanpolitik ein Zweckbündnis ein, das die Lancierung der Taliban-Bewegung und die Installierung einer Pakistan-freundlichen Regierung in Afghanistan zum Ziel hatte. Fazl-ur Rehman war in dieser Zeit Vorsitzender des Auswärtigen Ausschusses der Nationalversammlung.

JUP *(Jamiat Ulema-e-Pakistan)*
Die sunnitische »Gemeinschaft der theologischen Gelehrten in Pakistan« folgt der mit den Deobandi konkurrierenden Rechtsschule der Barelwi. Unter ihrem Führer, dem international bedeutenden Islam-Gelehrten Maulana Noorani (der im Dezember 2003 starb), etablierte sich die JUP in den siebziger Jahren als ernst zu nehmende politische Größe mit Hochburgen im südlichen Punjab und in Karatschi. Diverse Parteispaltungen und der Aufstieg der MQM in Karatschi leiteten Ende der achtziger Jahre jedoch den Niedergang ein. 1993 schloss die JUP mit der JUI ein *Islami Jamhoori Mahaz* genanntes Wahlbündnis (das inzwischen nicht mehr existiert). Die Wahlen von 1997 boykottierte die JUP, und seit 2002 gehört sie der MMA an. Als Parteivorsitzender amtiert seit 2004 Shah Farid-ul Haq.

Islam, Islamisierung, Talibanisierung: Pakistan und die religiöse Frage

In Pakistan, das seine Existenz allein der islamischen Religionszugehörigkeit der Bevölkerungsmehrheit seines Territoriums verdankt, spielt der Islam eine zentrale Rolle. 96 Prozent der Bevölkerung sind Muslime (davon 80 Prozent Sunniten und 20 Prozent Schiiten), der Islam ist Staatsreligion, seit 1956 gilt das Land offiziell als Islamische Republik, und 1991 wurde das islamische Recht der Scharia eingeführt. Zahlreiche Bestimmungen des Wahlrechts sowie des Strafrechts diskriminieren Angehörige der religiösen Minderheiten wie Christen, Hindus und Ahmadi zu Bürgern zweiter Klasse. Im Oktober 1998 verabschiedete das Parlament zudem eine Verfassungsänderung, die zumindest theoretisch Koran und Sunnah in den Rang einer obersten Rechtsquelle erhob. Und dass die Verfassung die Souveränität nicht dem Volk, sondern Gott zuschreibt – eine zentrale islamische Anforderung an einen islamischen Staat – wurde bereits erläutert. Aber auch Äußerlichkeiten wie der Freitag als Wochenfeiertag und das Alkoholverbot für Muslime unterstreicht die religiöse Ausrichtung des Landes.

Der Islam in Pakistan

Der Islam ist in dem von zahlreichen ethnischen, politischen und sozialen Konflikten geprägten Vielvölkerstaat bis heute die einzige nennenswerte integrative Kraft. Das erklärt den privilegierten

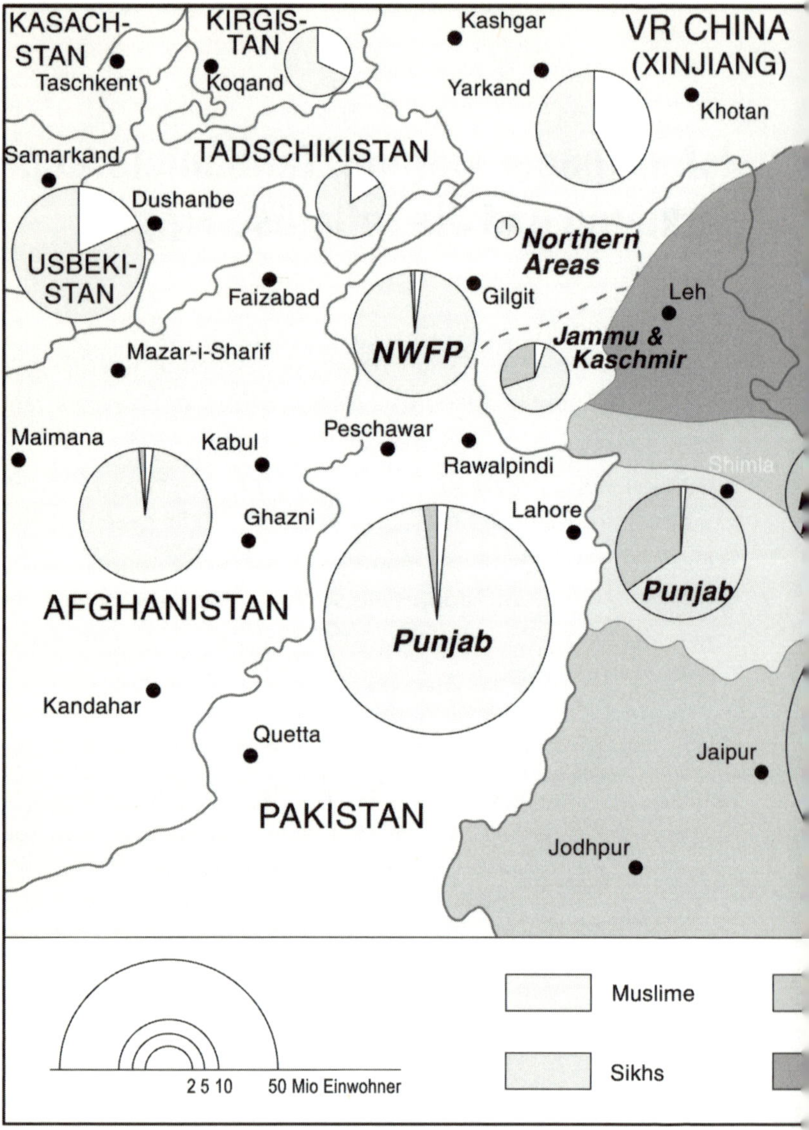

Verteilung der Religionen in Südasien © H. Kreutzmann

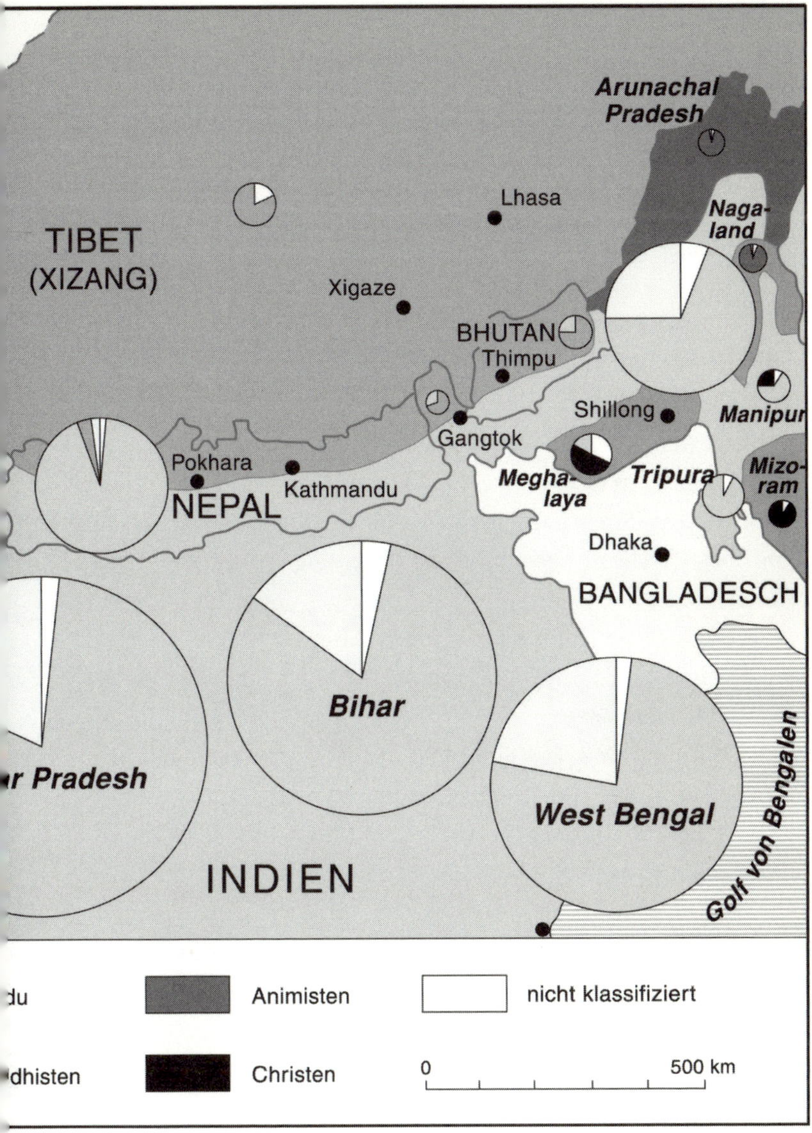
Arunachal Pradesh
Lhasa
Naga-land
TIBET (XIZANG)
Xigaze
BHUTAN
Thimpu
Shillong
Manipur
Gangtok
Pokhara
Kathmandu
Megha-laya
Tripura
Mizo-ram
NEPAL
Dhaka
BANGLADESCH
Bihar
r Pradesh
West Bengal
Golf von Bengalen
INDIEN
du
Animisten
nicht klassifiziert
dhisten
Christen
0
500 km

Status des Islams beziehungsweise der Muslime in Pakistan. Der Glaube speist den mittleren Identitätsring, der sich zwischen der brüchigen und noch jungen gesamtpakistanischen und der fest verankerten, aber individuell verschiedenen regionalen Identität pakistanischer Bürger befindet. Dem Staatsgründer Jinnah schwebte einst vor, der islamische Glaube könne als eine alle Gegensätze überbrückende gesellschaftliche Klammer funktionieren, doch davon ist der Islam in Pakistan auch heute noch weit entfernt. Der pakistanische Islam ist alles andere als ein homogenes Gebilde. Vielmehr präsentiert er sich in der Praxis als ein kaum überschaubarer Kosmos, der in zahlreiche Rechtsschulen, Sekten, Untersekten, Bewegungen, Stiftungen, Gemeinschaften, Parteien und mystische Sufi-Orden aufgesplittert ist. Vermutlich ist Pakistan in der Islamischen Welt das Land mit der größten religiösen Vielfalt und Bandbreite. Nahezu alle wichtigen Strömungen und Unterströmungen, die der Islam in seiner historischen Entwicklung bisher hervorgebracht hat, sind hier vertreten. Hinzu kommen noch regionale Eigenheiten, die auf Einflüsse und sogar Verschmelzungsprozesse mit anderen Religionen wie Hinduismus und Buddhismus zurückzuführen sind. Der Grund hierfür ist wiederum in der geographischen Lage dieses Kulturraums zu suchen, der einen Schmelztiegel arabischer, persischer, mittelasiatischer und indischer Einflüsse darstellt. In Südasien als Ganzem blieb der Islam zwar immer eine Minderheitenreligion, verfügte allerdings über eine große Strahlkraft. Vor Beginn der britischen Kolonialherrschaft im 18. Jahrhundert beherrschten 600 Jahre lang muslimische Dynastien wie die Delhi-Sultanate und die Moghul-Kaiser den indischen Subkontinent. Die blühenden islamischen Reiche dieser Epoche prägten in ihrer Einflusszone, zu der auch das heutige Pakistan zählt, nicht nur den Alltag der Menschen, die Kleidung, Musik, Architektur und die Speisen, sondern hinterließen auch in der kollektiven Erinnerung der indischen Muslime über alle kolonialen Demütigungen hinweg das Bewusstsein, die staatstragende

Bevölkerung zu sein. Dieses Selbstverständnis trug maßgeblich zur Gründung eines separaten und unabhängigen islamischen Teilstaats auf indischem Boden bei. Seitdem wird das Spektrum der bis dahin eher sozial, kulturell und religiös motivierten Gegensätze und Spannungen zwischen Hindus und Muslimen in Südasien durch die Dauerrivalität zwischen Indien und Pakistan noch um eine (außen-)politische Konfliktdimension erweitert.

Vor diesem Hintergrund wundert es wenig, dass heute in Pakistan diverse gesellschaftliche und politische Kräfte, die sich an der islamischen Religion orientieren, großen Einfluss auf die Entwicklung des Landes haben. Die gewaltbereiten und extremistischen Gruppierungen, auf die sich gegenwärtig das Medieninteresse des Westens konzentriert, repräsentieren dabei allenfalls eine kleine Minderheit innerhalb eines breiten Spektrums an islamischen Institutionen und Akteuren. Allen gemeinsam ist, dass sie sich auf die verschiedenen Richtungen verteilen, in die sich der Islam in Pakistan gliedert.

Das bedeutendste Schisma verläuft dabei zwischen Sunniten (80 bis 85 Prozent) und Schiiten (15 bis 20 Prozent). Der Unterschied: Die Sunniten folgen der »Tradition« (Sunnah) und erkennen die vier Kalifen Abu Bakr, Omar, Othman und Ali als Nachfolger Mohammeds im Amt des obersten religiösen und politischen Führers aller Muslime an. Die Schiiten halten zwar ebenfalls an den Grundsätzen der Sunnah fest, lassen aber lediglich Ali – ein Schwiegersohn und Cousin des Propheten – als dessen rechtmäßigen Nachfolger gelten. Entsprechend leitet sich der Eigenname der Schiiten von *shiat Ali* (»Partei Alis«) ab. Die sogenannten Zwölfer-Schiiten verehren in dieser Linie insgesamt zwölf Imame; der Letzte gilt als der im Verborgenen lebende »Mahdi«, an den messianische Erwartungen geknüpft werden. Von diesem Hauptzweig der Schiiten, der in Pakistan bezogen auf die schiitische Minderheit in den großen Flächenprovinzen dominiert, haben sich wiederum die Ismaeliten abgespalten, die in Pakistan im äußersten Norden des Landes regional die Mehrheit stellen. Die Ismaeliten erkennen nur die ersten sieben Imame bis zu einem gewissen Ismael an. Deshalb werden sie auch als Siebener-Schiiten bezeichnet. Von Ismael aus führt eine eigene Ahnenreihe bis zum aktuellen 49. Imam Prinz Karim Agha Khan, der als einer der reichsten Männer der Welt auch im Westen bekannt ist. Das von seinen Vorfahren bis in die siebziger Jahre des letzten Jahrhunderts regierte Fürstentum mit der nach ihm benannten Hauptstadt Karimabad (wörtlich übersetzt »von Karim bewohnt«) gehört heute zu den Northern Areas.

Zentrales Element schiitischer Religiosität ist die Trauer über die Verfolgung und den Tod vor allem Husseins, des 680 bei Kerbela im heutigen Irak getöteten Prophetenenkels. In Pakistan begeht die schiitische Gemeinschaft dieses Ereignis im islamischen Monat Muharram (2008 fiel dieser Monat auf den Januar) mit Prozessionen, bei denen sich die Gläubigen bis hin zu erheblichen Verletzungen selbst geißeln. Die Sunniten empfinden dieses blutige Spektakel als Provokation, weshalb sich in dieser Zeit häufig Anschläge auf schiitische Moscheen (*imambargha* genannt) mit vielen Toten und Verletzten ereignen, die wiederum Racheakte der Schiiten auf sunnitische Moscheen (*masjid* genannt) auslösen. Diese Rivalitäten zwischen Sunniten und Schiiten machen den weitaus größten Teil der religiös motivierten Gewalt in Pakistan aus.

Die Sunniten wiederum lassen sich vier verschiedenen Rechtsschulen zuordnen. In Pakistan ist die nach ihrem Begründer Abu Hanifa als hanafitische Rechtsschule bezeichnete Richtung die bedeutendste (etwa 77 Prozent der muslimischen Bevölkerung orientieren sich an ihr). Unterhalb dieser Ebene fächert sich das Angebot nach mehreren Strömungen beziehungsweise Denkschulen auf. Hier ist die Bewegung der Deobandis von großer Bedeutung, die nach dem Sitz ihres Leitseminars im nordindischen Deoband benannt ist. Politischer Arm dieser Strömung ist die JUI, die bereits im vorhergehenden Kapitel als Partei vorgestellt wurde. Aber auch die ebenfalls beschriebene JI wird diesem Spektrum zugerechnet. Die Ausrichtung der Deobandis könnte man als orthodoxen Gesetzes-Islam umschreiben, der sich um eine möglichst reine und korrekte Form der religiösen Praxis und Glaubensausübung bemüht. In sozialen und religiösen Fragen vertreten die Anhänger dieser Schule oft sehr konservative und manchmal auch radikale Positionen. Weil aus ihrer Mitte auch die Taliban-Bewegung hervorgegangen ist, haben die Deobandis auch international für Aufmerksamkeit gesorgt. Und tatsächlich spielte die JUI im Zusammenwirken mit der *Haqqania*, einer mehrere tausend Studenten fassenden deobandischen Madrassa (Religionsseminar) an der Straße zwischen Islamabad und Peschawar, bei der Formierung der Taliban als politischer Bewegung eine Schlüsselrolle.

Auch die afghanische Taliban-Führung selbst hat sich mehrfach auf die Denkschule von Deoband berufen. Dennoch sollte man sich davor hüten, die Deobandis pauschal mit der Politik der Taliban gleichzusetzen. Die meisten ihrer Religionsschulen bemühen sich ausschließlich um religiöse Bildungsarbeit, die die Frömmigkeit und islamkonforme Lebensweise der Gläubigen stärken möchte. Markenzeichen der deobandischen Parteien ist auch eine ausgeprägt anti-westliche und anti-amerikanische Rhetorik, die ihre Wurzeln in den anti-kolonialen Traditionen der JUI und der JI hat. Beide schmiedeten schon zu Kolonialzeiten aus der islamischen Lehre eine politische Ideologie als wirksame Waffe im Freiheitskampf. Sie zählen damit zu den ältesten islamistischen Parteien überhaupt. Im Unterschied zur Muslimliga des späteren pakistanischen Staatsgründers Jinnah waren JI und JUI jedoch vehement gegen die Gründung eines eigenen islamischen Staates auf indischem Boden, um eine räumliche Trennung der Muslime in Gesamtindien durch eine politische Grenze zu verhindern. Aus dieser Tradition heraus sind auch heute noch innerhalb der Deobandi-

Bewegung pan-islamische Strömungen zu finden, die von der Schaffung eines supranationalen »Islamistan« träumen, das an das vom Propheten Mohammed begründete Großreich, das die gesamte Glaubensgemeinschaft der Muslime vereinte, anknüpft.

Neben dem orthodoxen Gesetzes-Islam deobandischer Prägung ist in Pakistan über alle konfessionellen Schranken hinweg auch eine noch stärkere mystische Bewegung vertreten, die nach dem wollenen Gewand (arabisch: *suf*) der frühen Anhänger als Sufismus bezeichnet wird. Die Sufis genannten Mystiker und ihre Anhänger ziehen die persönliche Gotteserfahrung der bloßen Einhaltung von Dogmen und Ritualen im Sinne eines orthodoxen Gesetzes-Islams vor. Aus dem Sufismus gingen auch diverse sunnitische und schiitische religiöse Bruderschaften hervor, die auch heute noch in Pakistan eine große Rolle spielen. Rund um die zahllosen Grabmäler bedeutender Mystiker entfaltet sich eine durch vor-islamische und hinduistische Verehrungsformen bereicherte Schreinreligion, die trotz aller Anfeindungen aus den Reihen der islamischen Orthodoxie den Volksglauben prägt.

Auch diese volksislamische Strömung hat eine eigene bedeutende Denkschule hervorgebracht, die nach ihrem Leitseminar im nordindischen Bareilly Barelwi genannt wird und ein dichtes Netz eigener Religionsschulen unterhält. Repräsentanten dieser Richtung sind traditionell den Eliten der Großgrundbesitzer und der Militärführung verbunden. Berührungsängste gegenüber dem Staat oder anti-westliche Gefühle sind entsprechend selten. Als politische Interessenvertretung der Barelwis agiert die ebenfalls schon vorgestellte JUP.

Sichtbare Kristallisationspunkte der islamischen Kräfte sind die Madrassas, die mehr als 10.000 Religionsseminare der verschiedenen Denkschulen. Die *Haqqania* beispielsweise besteht zwar schon seit 1947, doch der eigentliche Gründungsboom setzte erst 1994 mit den ersten militärischen Siegen der noch jungen Taliban-Bewegung in Afghanistan ein. Heute werden nach vorsichtigen Schätzungen mindestens eine Million junger Muslime in diesen religiösen Hochschulen unterrichtet. Diese rekrutieren sich zumeist aus den dörflichen und städtischen Unterschichten, da die Madrassas der einzige bezahlbare Zugang zu Bildung sind: Unterkunft, Verpflegung und Kleidung sind in der Regel frei, und manchmal lockt auch ein kleines Stipendium. Das Vakuum, welches das staatliche Schulsystem in diesem Bereich hinterlässt, wurde bereits geschildert. Die Hauptaufgabe dieser Religionsschulen besteht darin, ihren Schülern und Studenten, die neben Pakistan auch aus Afghanistan, Mittelasien und aus Tschetschenien kommen, islamische Bildung zu vermitteln. Auf dem Lehrplan stehen Korankunde, das Studium der vom Propheten Mohammed überlieferten Traditionen, Islamisches Recht, Islamische Geschichte und Logik. Da weltliche Bildungsangebote im Fächerkanon Seltenheitswert haben, finden viele Absolventen nach Abschluss ihrer Ausbildung auf dem Arbeitsmarkt außerhalb des religiösen Umfeldes keine feste Anstellung. So verlassen jedes Jahr tausende Studenten die religiösen Seminare ohne jede Zukunftsperspektive, denn nur Abgänger der weltlichen Colleges und Universitäten haben realistische Chancen, bei Bewerbungen in der Wirtschaft oder in der Administration zum Zuge zu kommen. Um überleben zu können, schließen sich nicht wenige dieser Madrassa-Absolventen extremistischen Gruppen an, unter anderem auch den Taliban. Man kann davon ausgehen, dass religiös motivierte Gewalt in Pakistan, aber auch in angrenzenden Regionen wie Afghanistan und Kaschmir, wesentlich aus diesem Potential gespeist wird.

In jüngster Zeit ist allerdings bei einem Teil der religiösen Schulen ein neuer Trend zu beobachten: Mehr und mehr Madrassas bieten – bisweilen in Kooperation mit weltlichen Bildungsinstituten – nach bestandener Prüfung eine Art weiterqualifizierende Zusatzausbildung an, die die Aussichten der Abgänger auf dem normalen

Arbeitsmarkt deutlich verbessert. Die Provinzen ermöglichen mittlerweile den vorerst noch sehr wenigen Teilnehmern solcher Programme, anerkannte Prüfungen vor staatlichen Ausschüssen abzulegen. Ob diese Entwicklungen auf Dauer dazu führen werden, dass die religiöse Gewalt spürbar nachlässt, bleibt abzuwarten.

Von der Islamisierung zur Talibanisierung

Seit Beginn der siebziger Jahre des letzten Jahrhunderts nimmt das Ringen der Islamischen Welt um ihre Identität, um einen eigenen Weg wirtschaftlicher und sozialer Entwicklung und Modernisierung sowie um die Definition ihrer Beziehungen zum Westen neue Dimensionen an. In der Tradition des Kampfes gegen die europäischen Kolonialmächte stehend, zielen die Bemühungen darauf ab, den Islam und das islamische Gesetz in der ganzen Islamischen Welt wieder umfassend zur Geltung zu bringen. Dieser politische Prozess wird mit dem Schlagwort »Islamisierung« oder auch »Re-Islamisierung« bezeichnet. In vielen islamischen Ländern sind gegenwärtig westliche Ordnungsvorstellungen und islamische Relikte verschmolzen; die islamische Ordnung soll an deren Stelle treten.

Begünstigt wurde das Wiedererwachen der islamischen Religion als einer politisch prägenden Kraft durch die veränderten politischen und wirtschaftlichen Rahmenbedingungen im Nahen und Mittleren Osten. Der kometenhafte Aufstieg Saudi-Arabiens, der arabischen Golfstaaten sowie des Irans zu führenden Ölproduzenten bescherte diesen Ländern nicht nur ungeahnten Wohlstand und eine dramatische Beschleunigung des Entwicklungs- und Industrialisierungsprozesses. Gestärkt wurde zugleich das Selbstvertrauen, die lang ersehnte Unabhängigkeit vom Westen nun auch auf ökonomischem und technologischem Gebiet erreichen zu können.

Die Vision der Muslime von der Rolle der islamischen Gesellschaft in der Welt rückte in greifbare Nähe, als das arabische Bündnis im vierten arabisch-israelischen Krieg im Oktober 1973 einen Teilerfolg erzielte. Die Position der Araber als neuer politischer und wirtschaftlicher Machtfaktor von internationaler Bedeutung tat ein Übriges.

Allerdings erschöpfte sich die sogenannte Re-Islamisierung weitgehend in einem Export jenes orthodox-konservativen Islams, wie er sich in Saudi-Arabien und anderen Teilen der Arabischen Halbinsel etabliert hatte. Hier existierte eine Tradition islamischer Herrschaftsausübung, die nun als nachahmenswertes Erfolgsmodell in weiten Teilen der Islamischen Welt eine Renaissance erlebte. Das Erstarken traditionalistischer Gruppen und Parteien im nahezu gesamten Verbreitungsgebiet des Islams war charakteristisch für die Entwicklung in den siebziger Jahren des letzten Jahrhunderts. Dort, wo sich die Parteien im Rahmen eines demokratischen Staatswesens dem Wähler stellen mussten, gewannen sie rasch weit über ihre zahlenmäßige Stärke hinaus an politischem Einfluss. Die pakistanischen Parteien JI und JUI sind hierfür ein typisches Beispiel.

Gleichzeitig traten islamische Gruppen, die Jahrzehnte unter strikter Überwachung der Regierung gestanden hatten oder verboten waren, wieder ins Rampenlicht der politischen Öffentlichkeit. In der ganzen Islamischen Welt war eine religiöse Erschütterung spürbar, die die Universitäten ergriff, breite Massen zu Demonstrationen gegen Filme und andere Symbole der »Verwestlichung« aufbrachte, zu verstärktem Moscheebesuch und zu strikterer Beachtung religiöser Vorschriften und religiösen Brauchtums führte. Politiker, die bislang offenkundig religiös indifferent gewesen waren, führten plötzlich den Islam im Munde. In Pakistan fiel diese Phase mit der Ära Zulfikar Ali Bhuttos zusammen, der zunächst mit einem sozialistisch anmutenden Kurs startete, schließlich die Souveränität Gottes in die Präambel der Verfassung rücken ließ und bei den aufstrebenden Islamisten mit diskriminierenden Gesetzen gegen die religiösen Minderheiten punkten wollte. Die iranische Revolution von 1978/79, die zeitlich annähernd mit der Hinrichtung Bhuttos zusammenfiel, ist – unter schiitischen Vorzeichen – der bislang umfassendste Versuch, die islamische Religion zugleich als spirituelle Orientierung und als Grundlage einer weltlichen Ordnung zu etablieren. Weitere wichtige Impulse gingen von der Erfahrung des erfolgreichen Widerstandes der Mujaheddin gegen die sowjetische Besatzungsmacht in Afghanistan aus, der zumindest zu einer partiellen Militarisierung der Islamisierungsbewegung führte. Das von Mitte der neunziger Jahre bis Ende 2001 bestehende Taliban-Regime markierte für dieses Spektrum sicherlich einen vorläufigen Höhepunkt. Die Ereignisse seit dem 11. September 2001 und das militärische Eingreifen der USA und ihrer westlichen Verbündeten in Afghanistan, im Irak und in begrenzter Form auch in den Stammesgebieten Pakistans haben zumindest in den betroffenen Ländern zu einer starken Aufwertung islamistischer Parteien geführt. Ihre anti-westliche Ideologie ist in der Bevölkerung bis weit ins bürgerliche Lager hinein akzeptiert. Ein Indiz hierfür sind die heftigen Reaktionen auf den sogenannten »Karikaturenstreit«; europäische Printmedien hatten Zeichnungen veröffentlicht, die den Propheten Mohammed in verunglimpfender Weise darstellten. Auch in Pakistan sorgten die Karikaturen für große Empörung.

Andererseits löste die Radikalisierung eines Teiles des islamistischen Lagers auch Konflikte mit den jeweiligen Regierungen aus. Und auch innerhalb der Islamisierungsbewegung sorgte diese Entwicklung dafür, dass neue Richtungskämpfe um die beste Taktik ausbrachen. Bezogen auf Pakistan fallen die jüngsten Streitigkeiten innerhalb der MMA zwischen den beiden größten Mitgliedsparteien JI und JUI in diese Kategorie, was auf absehbare Zeit durchaus auch zum Zerfall des gemeinsamen Parteienbündnisses führen könnte.

Dennoch haben sowohl die JI als auch die JUI, die symbolhaft für die Islamisierungsbewegung in Pakistan stehen können, seit 1947 einen weiten Weg zurückgelegt. Sahen sie in der Gründung Pakistans zunächst eine Spaltung der Ummah, der Gemeinschaft der Gläubigen, betrachten dieselben Parteien den jungen Staat heute als Vektor der Einigung eben dieser gespaltenen Ummah.

Die Islamisten suchen aufgrund der vermuteten Interessenübereinstimmung mit den Militärs deren Nähe, wobei sie allerdings dabei zunehmend in eine Klientenrolle gedrängt werden. Deutlicher wird dies bei einem näheren Blick auf die Evolution der JI. Ursprünglich begründete JI-Gründer Maududi seine Opposition gegen die Gründung Pakistans mit quasi-marxistischer Dialektik, wonach der Kampf zwischen Islam und Nicht-Islam den Klassenkampf abgelöst habe. Diese Auseinandersetzung würde nach Maududis Einschätzung unweigerlich zu einer Islamischen Revolution und der Schaffung eines Islamischen Staates führen. Dieser würde umfangreiche Reformen einleiten und schließlich eine ideale islamische Ordnung verwirklichen. Der Erfolg dieses Staates wiederum würde in den Augen der Gesellschaft zu dessen Legitimation führen. Also – so die Logik Maududis – ist es im Umkehrschluss auch möglich, erst die Gesellschaft zu islamisieren und dann erst den dazugehörigen Staat zu gründen.

Nach der Gründung Pakistans merkte die JI aber rasch, dass Militär und Verwaltung den neuen islamischen Staat nicht ohne die Ulema, die islamischen Rechtsgelehrten, aufbauen konnten. Also änderte man flugs die Taktik und wandelte die JI von einer islamischen Erweckungsbewegung in eine politische Partei um. Fortan war das erklärte Ziel die Übernahme des Staatsapparates – und diesem hatte sich die Reinheit der ideologischen Lehre klar unterzuordnen. Bis in die siebziger Jahre hinein war die Bilanz allerdings kläglich: Die JI hatte sich sowohl mit der Armee als auch mit den bürgerlichen Parteien überworfen. Während der Militärdiktatur Ayub Khans in den fünfziger und sechziger Jahren war sie sogar – wie alle anderen politischen Parteien – verboten. Doch der Militärputsch von Zia-ul Haq veränderte die Lage grundlegend: Die religiösen Überzeugungen des Generals und sein Islamisierungskurs zur Legitimierung seiner Herrschaft erlaubte eine Annäherung zur JI. In der Folge des Afghanistan-Konfliktes vertraute der Diktator der JI zeitweilig sogar die Verantwortung für die pakistanische Außenpolitik an, was den Grundstein für eine langjährige Kooperation beider Seiten legte. So fungierte die JI in den Krisengebieten von Kaschmir und Afghanistan in Zusammenarbeit mit gleichgesinnten Partnern vor Ort als eine Art Transmissionsriemen, um dort in Abstimmung mit der Militärführung pakistanische Politik umzusetzen. Andere religiöse Parteien folgten diesem Beispiel und entwickelten sich ähnlich bis hin zur Regierungsbeteiligung und zur Übernahme zentraler Aufgaben in der pakistanischen Außenpolitik. Hierfür steht das Beispiel der JUI, die ab 1994 von der Bhutto-Regierung und dem militärischen Geheimdienst ISI für die Fernsteuerung der Taliban benötigt wurde. Die innenpolitische Konsequenz: Die nahezu gesamte Islamistische Bewegung ist seitdem unter der Kontrolle der pakistanischen Armee.

Dies bedeutet aber keineswegs, dass das Verhältnis zwischen der Armee und den islamistischen Parteien frei von Spannungen ist – ganz im Gegenteil. Aus den früheren Konfrontationen mit der Armee zogen die Parteien den Schluss, dass nur über eine Teilnahme an Wahlen die Aussicht bestünde, eines Tages die Regierungsgeschäfte übernehmen zu können. Um ihr politisches Überleben zu sichern, verabschiedeten sich sowohl die JI als auch die anderen islamistischen Parteien deshalb von ihrer teilweise totalitären Ideologie zugunsten eines demokratischen Diskurses und der dazugehörigen Praxis. Seitdem leben die pakistanischen Islam-Parteien in einem ständigen Dilemma: Einerseits brauchen sie die Demokratie zum Überleben, ohne sich allerdings in den zu kurzen

Phasen relativer Freiheit an sie anpassen zu können. Andererseits brauchen sie die Hilfe der Armee, um ihre Islamisierungs-Agenda langfristig zu realisieren und sich in den verschiedenen Krisengebieten der Region behaupten zu können. Das praktische Resultat dieser Zwickmühle: Die deftige Anti-Armee-Rhetorik der religiösen Prediger kaschiert notdürftig, dass unter der Hand die politische und gelegentlich auch militärische Zusammenarbeit mit der Armee fortgesetzt wird.

Aber auch die Armee weiß sich geschickt der Islamisten zu bedienen. In der NWFP und in Balutschistan machen sich die nationalistischen und zum Teil auch separatistischen Tendenzen am stärksten bemerkbar – als Drahtzieher hat das Militär die alten Stammeseliten ausgemacht, die nun durch Propagierung einer Islamisierung destabilisiert werden sollen. Aber auch in den Städten, wo das unbequeme bürgerliche Lager Rechtsstaat und Demokratie fordert – und letztlich an der Macht der Armee rüttelt – erhalten die Islamisten freie Hand. Mit Hilfe einer staatlich sanktionierten Islamisierungspolitik und den islamistischen Parteien als Erfüllungsgehilfen wird offensichtlich versucht, den eigenen Herrschaftsanspruch auch in Gebieten mit politischem Sonderstatus und in renitenten Gesellschaftsschichten durchzusetzen, die sich bisher dem Zentralstaat entziehen konnten.

Wie lässt sich also das Verhältnis zwischen Armee und Islamisten mit Blick auf das gemeinsame Interesse der Islamisierung zusammenfassen? Mit diesen beiden Akteuren prallen zunächst zwei völlig verschiedene Weltanschauungen aufeinander: So betrachten die Islamisten Macht als ein Mittel, um ihre Ideologie zu verbreiten, während die Armee Ideologie als ein Werkzeug sieht, das ihre Macht stärkt und ihren Expansionsdrang begründet. Damit steht die Armee ganz in der Tradition der Gründerväter Pakistans und ihrer Erben, die den Islam als politisches Instrument einsetzten.

Das Ziel ist, Forderungen des liberalen Bürgertums und ethnischer Bewegungen mit Hilfe der Religion in Schach zu halten und breitere Gesellschaftsschichten für das staatliche System zu öffnen. Islamisierung ist also in diesem Sinne nichts anderes als ein Mittel, ein Regime zu legitimieren, das von parlamentarischer Demokratie und Mehrheitsentscheidungen nichts hält. Die Unterstützung der islamistischen Parteien hat für die Armeeführung gleich zwei Vorteile: Einerseits lassen sich so die großen nicht-religiösen Parteien schwächen, die die eigene Machtposition latent gefährden, andererseits sind die Militärs eine Art oberster Schiedsrichter der gesamten Parteienlandschaft. Außerdem lässt sich die Existenz einer glaubwürdigen islamistischen »Bedrohung« trefflich als außenpolitisches Instrument einsetzen, um die Verbündeten und Geberländer im Westen davon zu überzeugen, dass nur die Armee in der Lage sei, dieser Gefahr Herr zu werden. Während Musharrafs Europareise Ende Januar 2008, die ihn nach Belgien, Großbritannien, Frankreich und in die Schweiz zum Davoser Weltwirtschaftsforum führte, zog sich diese Argumentation wie ein roter Faden durch seine öffentlichen Reden. Denn nur so lässt sich sicherstellen, dass auch weiterhin die großzügigen Finanzspritzen und Militärhilfen der westlichen Verbündeten fließen, die die Armee in Islamabad im Sattel hält. Möglichst spektakuläre »schlechte Nachrichten« über Taliban, Al Qaida & Co. in den westlichen Medien sind deshalb für Musharraf gute Nachrichten. Nach der Islamisierung ist längst auch die Talibanisierung in den Dienst der Machtabsicherung der pakistanischen Armee gestellt.

Wegmarken einer turbulenten Geschichte

»Minderheiten in ein Gefühl der Unsicherheit zu stürzen, führt zu Revolution und Bürgerkrieg«.

Was wie ein aktuelles Zitat eines von der Staatsmacht verprügelten punjabischen Rechtsanwalts oder eines den Intrigen des militärischen Geheimdienstes ausgesetzten paschtunischen Stammesführers klingt, ist die düstere Prophezeiung des pakistanischen Staatsgründers Muhammad Ali Jinnah – aus dem Jahr 1928. Zu diesem Zeitpunkt hatte Nehrus *Indian National Congress* (INC) im Ringen um die Struktur des späteren unabhängigen Indiens endgültig das von den Muslimen favorisierte föderative Staatsmodell zurückgewiesen, nach dem sich die mehrheitlich muslimischen Provinzen hätten selbst verwalten können. Der Gegenentwurf einer starken Zentralregierung mit nur marginalen Kompetenzen für die Provinzen wurde gleichzeitig zur offiziellen Parteilinie erklärt. Dies weckte bei den Muslimen die Befürchtung, dass die Hindu-Nationalisten nach dem Abzug der Briten mit Hilfe der hinduistischen Bevölkerungsmehrheit die gesamte Macht an sich reißen könnten. So wurden endgültig die Weichen für eine Entwicklung gestellt, die fast 20 Jahre später zur Spaltung der Einheit Indiens und zur Gründung Pakistans führen sollte.

Unabhängigkeit und Teilung: das Trauma von 1947

Man sieht also, dass bereits vor 80 Jahren – lange vor der Geburt der heutigen Islamischen Republik – dieselben Debatten tobten, die auch heute das Land prägen: Die Zentralisten und Befürworter eines starken Staates (Armeeführung und Großgrundbesitzer) stehen den Vorkämpfern für Dezentralisierung und mehr Vielfalt in der Einheit (Provinzen, autonome Stammesverbände, ethnische und Sprachgruppen-Minderheiten, liberales Bürgertum) gegenüber.

Wie in einer ironischen Spiegelung scheinen sich in Pakistan aktuell die Argumente von damals zu wiederholen. Mit einem Unterschied: Heute denken und handeln die politischen Erben Jinnahs ähnlich wie einst Nehru und der INC – und lösen im anderen Lager Reaktionen aus, die denen ihrer eigenen politischen Vorgänger ähneln. Beinahe scheint es, als würde sich in Südasien nach dem Untergang des Britischen Kolonialreichs von Epoche zu Epoche, von Staat zu Staat eine Art Spaltungs-Virus verbreiten: 1947 die Teilung Indiens, 1971 die Abspaltung Bangladeschs von Pakistan – und irgendwann die erneute Teilung Pakistans? Es ist offensichtlich, dass die Traumata der pakistanischen Gründungsgeschichte eine schwere Hypothek darstellen und dieses äußerst fragile staatliche Gebilde bis heute einer permanenten Zerreißprobe aussetzen. Wenn man diese historische Bürde etwas genauer betrachtet, lassen sich mehrere Belastungsfaktoren unterscheiden. Neben den bereits geschilderten Aspekten spielen vier Punkte eine entscheidende Rolle, auf die anschließend ausführlich eingegangen wird:

1. das Trauma des opferreichen Bevölkerungsaustauschs von 1947,
2. die Territorialstreitigkeiten mit Indien um Kaschmir,
3. die Nachteile der eigenen geographischen Lage und
4. die in die Wiege gelegten weiteren Sollbruchstellen.

1940 verabschiedeten Jinnah und seine Muslimliga eine Pakistan-Resolution, die auf der Basis der »Zwei-Nationen-Theorie« die Gründung eines separaten Staates für die indischen Muslime in den mehrheitlich von Muslimen bewohnten Gebieten im Nordwesten und im Nordosten Britisch-Indiens vorsah und die Grundlage für die Grenzziehung von 1947 bildete.

Die Briten akzeptierten die Resolution als Grundlage für die Grenzziehung von 1947. Die praktische Umsetzung führte jedoch zum Zerreißen zusammenhängender Siedlungsräume und endete in einem furchtbaren Blutbad. Zum Hintergrund: Der letzte britische Vizekönig Lord Mountbatten, Nehru und Jinnah hatten sich im Vorfeld der Unabhängigkeit darauf geeinigt, die Grenzziehung anhand vorliegender demographischer Statistiken aus dem Jahr 1941 durchzuführen. Alle mehrheitlich von Muslimen bewohnten Distrikte Britisch-Indiens sollten dem pakistanischen Territorium zugeschlagen werden, wenn sie eine direkte räumliche Verbindung zu den muslimischen Zentren im Nordwesten und im Nordosten des Subkontinents besaßen. Mit der Umsetzung wurde ein britischer Richter namens Sir Cyril Radcliffe betraut, der eigens aus London anreiste und sich zum ersten Mal in Indien aufhielt. Man gab ihm 35 Tage Zeit, auf der Basis der ihm vorgelegten Statistiken und Kartenmaterialien die völkerrechtlich verbindliche Grenze zwischen Indien und Pakistan zu fixieren. Radcliffe zeichnete die Karte in völliger Unkenntnis der Örtlichkeiten und ohne betroffene Bevölkerungsgruppen zu befragen. Mögliche Folgen wurden nicht diskutiert. Die so markierte Grenze wurde erst drei Tage nach der eigentlichen Unabhängigkeit beider Länder bekannt gegeben. Da sie entgegen der allgemeinen Erwartungen dennoch in etlichen Fällen mitten durch zusammenhängende Siedlungsgebiete der einen oder anderen Religionsgemeinschaft verlief – im Punjab gab es beispielsweise klare Verstöße gegen die vereinbarte Teilungsformel, woraufhin Millionen Muslime der Indischen Union zugeschlagen wurden –, eskalierten erste Übergriffe zwischen den Religionsgruppen rasch zu furchtbaren Massakern und Pogromen, an denen Muslime, Hindus und Sikhs beteiligt waren. Ganze Flüchtlingszüge und die Bewohner dutzender Dörfer wurden vor allem entlang der indisch-pakistanischen Grenze niedergemetzelt. Die Zahl der Toten lag nach wenigen Tagen nach sehr vorsichtigen Schätzungen bei 250.000 Menschen. Andere Statistiken sprechen von bis zu einer Million Toten, und die Zahl der Flüchtlinge wird in der Literatur mit zwischen zwölf und 20 Millionen angegeben. Damit war der Exodus im Gefolge der indisch-pakistanischen Teilung eines der schrecklichsten Ereignisse dieser Art im 20. Jahrhundert.

Ähnlich wie die Erfahrungen, die viele Deutsche mit Flucht und Vertreibung während des Zweiten Weltkriegs machten, wurden diese traumatischen Erlebnisse in Pakistan und Indien in Form von Erzählungen an die nachfolgenden Generationen weitergegeben. Sie belasten bis zum heutigen Tag viele Familien beiderseits der Grenze. Der entstandene Riss zwischen den Religionsgemeinschaften war so tief und radikal, dass es auch heute noch auf lokaler und regionaler Ebene immer wieder zu Übergriffen bis hin zu Pogromen an Muslimen kommt – besonders in Indien, wo noch weit über 100 Millionen Muslime leben. Aber auch in Pakistan kann die kleine Hindu-Minderheit im Falle von Ausschreitungen gegenüber Muslimen in Indien jederzeit ins Fadenkreuz von Racheakten geraten. Diese wechselseitigen Reaktionsketten, die in Windeseile über Landesgrenzen hinweg eine kaum noch zu steuernde Gewaltspirale auslösen können, sind auch für die bilateralen Beziehungen Indiens und Pakistans eine schwere Belastung. Radikale Gruppen – und bisweilen auch die Geheimdienste beider Länder – nutzen diese empfindliche Wunde immer wieder, um über Anschläge oder durch gezielt geschürte Übergriffe auf religiöse Minderheiten die Außenpolitik des eigenen Landes oder auch die der anderen Seite zu beeinflussen oder zu torpedieren. So löste beispielsweise ein Attentat einer militant-islamistischen Terrorgruppe mit angeblichen Verbindungen zu pakistanischen Geheimdienstkreisen auf das indische Parlament 2002 eine schwere Krise zwischen Delhi und Islamabad aus, die beinahe zu einem offenen Krieg eskaliert wäre. Umgekehrt können die Regierungen ein betont konfrontatives Auftreten gegenüber dem Nachbar auch nutzen, um innenpolitische Zwecke zu verfolgen, beispielsweise um bei Wahlen die eigene nationalistisch gesonnene Wählerklientel zu überzeugen. Das gegenseitige Misstrauen bleibt sowohl auf indischer als auch auf pakistanischer Seite hoch, obwohl es in den letzten Jahren eine vorsichtige Annäherung gegeben hat. Eine Konsequenz daraus ist, dass die gemeinsame Grenze beider Länder beinahe hermetisch abgeriegelt ist und nur einen sehr begrenzten Personen- und Warenaustausch erlaubt. Dies konserviert die bestehenden Feindbilder und verhindert die Weiterentwicklung der Südasiatischen Staatengemeinschaft SAARC, die bei ihrer Gründung einmal als eine Art Europäische Union Südasiens gedacht war. Der blockierte Status quo behindert in erheblichem Maße die volle Entfaltung der Potentiale beider Länder, insbesondere die des schwächeren Konfliktpartners Pakistan.

Der Territorialstreit um Kaschmir ist ebenfalls eng mit dem Thema der Grenzziehung von 1947 verwoben. Auch dieser Konflikt wurde Indien und Pakistan aufgrund unterschiedlicher Interpretationen der Teilungsvereinbarungen in die Wiege gelegt, was Gegenstand von zwei Kriegen der insgesamt drei zwischen beiden Ländern war (1947/48, 1965 und 1971). Eine von den Vereinten Nationen verlangte Volksabstimmung, die über die staatliche Zugehörigkeit der umstrittenen, ebenfalls mehrheitlich muslimischen Region Kaschmir entscheiden soll, ist bis heute nicht umgesetzt worden. Seit Ende der achtziger Jahre ist zudem auf der von Indien kontrollierten Seite ein Bürgerkrieg entbrannt, der zunächst von kaschmirischen Nationalisten getragen wurde, die einen eigenen unabhängigen Staat anstrebten. Durch die Infiltration militant-islamistischer Gruppierungen aus Pakistan, die 1989 nach dem Rückzug der Sowjetunion aus Afghanistan ein neues Vehikel für ihre Islamisierungsagenda suchten, sprang der ursprüngliche Binnenkonflikt auch auf die zwischenstaatliche Ebene über und belastete die Beziehungen beider Länder bis vor wenigen Jahren erheblich. Zurzeit wird hinter den Kulissen an einer für beide Seiten auf Dauer tragfähigen Lösung gefeilt, die diesen Konfliktherd bis auf Widerruf entschärfen könnte. Die Dauerkrise in Pakistan verhindert allerdings derzeit weitere Verhandlungsfortschritte.

Die Teilungskriterien von 1947 führten dazu, dass Pakistan bei seiner Gründung aus zwei völlig verschiedenen Landesteilen (Ost- und Westpakistan) bestand, die mehr als 1.500 Kilometer Luftlinie voneinander entfernt lagen. Indien verweigerte von Beginn an die Überflugrechte, sodass die Verbindung nur auf dem Seeweg und auf dem Luftweg via Colombo in Sri Lanka gehalten werden konnte. Außerdem brachte es die Grenzziehung mit sich, dass die eigentlich für ein einheitliches Staatsgebilde geschaffene Infrastruktur durch die neuen Grenzen durchtrennt wurde. Dies betraf die Straßen- und Eisenbahnnetze ebenso wie die Abtrennung landwirtschaftlicher Anbauflächen für Baumwolle und Jute, die nun zu Pakistan gehörten, und den dazugehörigen weiterverarbeitenden Betrieben, die Indien zugeschlagen wurden. Ähnliches galt für das überlebenswichtige Bewässerungssystem im Punjab: Die Bewässerungsflächen gehörten zu Pakistan, die dazugehörigen Stauwerke und Verteilungsanlagen zu Indien. Es dauerte bis in die siebziger Jahre hinein, bis durch höchst aufwendige und entsprechend teure technische Lösungen in Pakistan ein Ersatz geschaffen werden konnte. Der Preis war allerdings, dass trotz massiver Finanzspritzen von Seiten der Geberländer[7] durch diese Investitionen der Grundstock für eine erhebliche Auslandsverschuldung gelegt wurde, die bis heute den Finanzhaushalt belastet und die Spielräume für Ausgaben in anderen Sektoren erheblich einschränkt.

Wichtig ist auch der Hinweis auf die ebenfalls geerbte problematische Außengrenze gegenüber den Nachbarn Iran, Afghanistan und China. In der Folge der historischen Entwicklung war Pakistan nach der Islamischen Revolution im Iran und nach dem Einmarsch der Sowjetunion in Afghanistan über Jahrzehnte hinweg faktisch von der Außenwelt abgeschnitten. Die klassische und kulturell so wichtige Verbindung zu den mittelasiatischen Ländern war ebenfalls durch die Konfliktkonstellation des Kalten Krieges unterbrochen, was im Prinzip durch den Bürgerkrieg in Afghanistan noch bis heute gilt. Im Falle Afghanistan kommt hinzu, dass hier eine umstrittene Kolonialgrenze besteht, die ursprünglich afghanisches Territorium heute Pakistan zuteilt. Das zwischen Briten und Afghanen verhandelte Grenzregime war eigentlich auf 100 Jahre begrenzt und lief 1993 aus. Die Karzai-Regierung in Kabul hat sofort nach ihrem Antritt die Ansprüche auf die betreffende pakistanische Provinz NWFP geltend gemacht. Seitdem schwelt also auch zwischen Pakistan und Afghanistan ein Territorialkonflikt. Die Grenze zu China wiederum, seit Jahrzehnten ein bewährter Verbündeter, ist vor allem aus topographischen Gründen eine nur schwer zu überbrückende Barriere. Nur eine einzige asphaltierte Straße, der 1986 fertiggestellte Karakorum Highway, führt von Islamabad aus durch Himalaja und Karakorum ins Nachbarland. Für einen regen und regelmäßigen Handelsaustausch ist diese Strecke nicht geeignet, allein schon wegen der monatelangen Wintersperre der Passstraße. Die Folge dieser isolierten Lage Pakistans: Nur über das Meer besteht ein geeigneter und stets offener Zugang zur Außenwelt und zu den Weltmärkten.

Zu den erwähnten Sollbruchstellen, die Pakistan in die Wiege gelegt wurden, gehören insbesondere die auf koloniale Strukturen zurückgehenden Grenzziehungen zwischen den Provinzen sowie die diversen Gebiete mit einem politischen Sonderstatus.

Was die Provinzen betrifft, macht sich hier der Umstand belastend bemerkbar, dass diese von ihrer politischen und wirtschaftlichen Bedeutung her zugunsten des Punjabs und zulasten der übrigen Provinzen nicht ausgewogen sind. Mit dem Punjab stellt eine Provinz mehr als 50 Prozent der Bevölkerung, 80 Prozent der Armee und den Löwenanteil der Wirtschaftskraft.

Da die Grenzen zumindest annähernd ethnischen Kriterien gerecht werden, entsteht auf die Dauer innerhalb der Provinzen eine Art »Binnennationalismus«. Die Provinzgrenzen bilden also die schwächsten Nähte, an denen entlang Pakistan im Ernstfall zerfallen könnte. Die diversen Autonomiegebiete und Regionen mit politischem Sonderstatus haben von Anfang an eine vollständige, flächendeckende staatliche Einheit des Landes verhindert. Streitigkeiten um Zuständigkeitsfragen und jeder Versuch der Zentralregierung, ihren Einfluss zu vergrößern, schüren Konflikte und nähren separatistische Strömungen. In den Northern Areas, die über eine Art semi-koloniale Verwaltungsstruktur verfügen, gären Ressentiments gegen ein Zuviel an zentraler Verwaltung. Der bislang unerfüllte Wunsch nach einer Eingliederung in den pakistanischen Staatsverband als vollwertige Provinz könnte zumindest in Teilregionen Gegenreaktionen und eine Rückbesinnung auf mehr Eigenständigkeit auslösen. Die Bemühungen um eine dauerhafte Lösung der Kaschmirfrage sorgen hier für einen positiven Spielraum. Wenn die Armeeführung allerdings wie vermutet nicht bereit sein wird, einmal erreichte Einflusszonen freiwillig aufzugeben, dürften die Bewohner vergeblich auf eine baldige Erweiterung ihrer Bürgerrechte hoffen.

Nationale Katastrophen: die Abspaltung Bangladeschs 1971 und die Folgen

Die zweite Wegmarke der pakistanischen Geschichte ist ein Ereignis, das schon bei der Staatsgründung als potentielle Sollbruchstelle erkennbar war. Im Prinzip war absehbar, dass es schwierig sein würde, zwei derart verschiedenartige Landesteile wie das damalige Ost- und Westpakistan auf Dauer über eine so große Entfernung hinweg zusammenhalten zu können – zumal die Nation durch die dazwischen liegende Landmasse eines feindlichen Nachbarn geteilt wurde. Im Grunde bot nur der muslimische Glauben eine schwache Basis für das Zusammenleben in einem gemeinsamen Staat, was allerdings durch voneinander abweichende religiöse Traditionslinien in den beiden Landesteilen beeinträchtigt wurde. Zum entscheidenden Stolperstein wurde der bald nach der Unabhängigkeit entbrennende Sprachenstreit. Das Dekret Jinnahs, das auf der arabischen Schriftsprache beruhende Urdu zur alleinigen Amts- und Nationalsprache zu erklären, provozierte die banglasprachige Bevölkerung, die eine eigene Schriftsprache besitzt. Innerhalb weniger Jahre führte diese Entscheidung zur offenen Konfrontation, denn immerhin repräsentierte der wesentlich homogenere bengalische Landesteil mehr als die Hälfte der gesamtpakistanischen Bevölkerung. Hinzu kam, dass die Hauptstadt, die Armee und die Verwaltung klar der westpakistanischen Landeshälfte zugeordnet waren. Als die dortigen Eliten keinerlei Anstalten machten, den berechtigten Forderungen der Bengalen nach mehr Partizipation entgegenzukommen, setzte schnell eine Politisierung dieser Auseinandersetzungen ein. Die Sprachenfrage wurde zu einem identitätsstiftenden Kristallisationspunkt. Schon 1949 setzte sich die neugegründete *Awami League* (Volksliga) unter der Führung des späteren Staatsgründers Mujibur Rahman an die Spitze der Bewegung, die sich innerhalb weniger Jahre zur wichtigsten Oppositionspartei mauserte. Immerhin gelang es, für die 1955 verabschiedete Verfassung durchzusetzen, dass nach einer Übergangsfrist von 20 Jahren Bangla zumindest versuchsweise gleichberechtigt an die Seite von Urdu rücken sollte. Ayub Khans Militärputsch von 1958 bereitete jedoch den Autonomieträumen der *Awami League* ein jähes Ende.

Der in langen Jahren der Militärdiktatur aufgestaute Ärger über die Bevormundung durch die westpakistanische Administration und Armee sowie das Versagen der westpakistanischen Behörden während einer furchtbaren Flutkatastrophe mit mehreren 100.000 Opfern brach sich bei den demokratischen Wahlen von 1970

Bahn, die Mujibur Rahman mit einem Erdrutschsieg für sich entscheiden konnte. Er gewann fast alle Mandate in Ostpakistan, was ihm bezogen auf ganz Pakistan mit einer absoluten Mehrheit die Voraussetzung für eine Übernahme der Regierungsgeschäfte schuf. Das ihm zustehende Amt wurde ihm jedoch verweigert, flankiert durch das Eingreifen der Armee in Bengalen. Im März 1971 proklamierte die *Awami League* die Unabhängigkeit und gab damit das Signal zu einem blutigen Bürgerkrieg zwischen der bengalischen Zivilbevölkerung und der (west-)pakistanischen Armee. Indische Armeeeinheiten intervenierten Anfang Dezember zugunsten der bengalischen Aufständischen und brachen damit den dritten und vorerst letzten indisch-pakistanischen Krieg vom Zaun, der schon wenige Wochen später noch im Dezember 1971 mit der Kapitulation Pakistans und dem Verlust der östlichen Landeshälfte endete. Das, was kaum mehr als 20 Jahre zuvor mit einem vergleichsweise harmlosen postkolonialen Sprachenstreit begonnen hatte, endete mit der zweiten Teilung in der Geschichte Pakistans. Das Land verlor 15 Prozent seines Territoriums mit einer Bevölkerung von rund 70 Millionen Menschen und erlebte erneut ein traumatisches Blutbad: Nach Kampfhandlungen und Massakern pakistanischer Einheiten an der Zivilbevölkerung gingen die geschätzten Zahlen der Toten und Flüchtlinge in die Millionen.

Schon damals kamen hinter der Fassade des Sprachenkonfliktes massive Probleme zum Vorschein, die schließlich eine Eskalationskette auslösten: elitäres Dominanzstreben einzelner Machteliten, ungleiche Verteilung von Entwicklungschancen, Manipulation von staatlichen Institutionen und Wahlergebnissen auf Kosten von Mehrheiten. Diese Faktoren sorgen, wie wir wissen, auch im heutigen Pakistan für Konflikte.

Zum zweiten Mal in seiner Geschichte bekam Pakistan vor Augen geführt, welche Konsequenzen solche Methoden zeitigen.

Zwischen Demokratie und Diktatur: von Bhutto zu Zia, von Bhutto zu Musharraf

Die dritte Wegmarke betrifft ein Phänomen, das praktisch die gesamte pakistanische Geschichte durchzieht: der sich in zyklischen Schleifen durch die Dekaden ziehende Wechsel von demokratischen Phasen und Perioden diktatorischer Regimes.

Welchen Gesetzmäßigkeiten unterliegt dieser Mechanismus? Und wie ist es um das Verhältnis zwischen diesen beiden Regierungsformen und deren wichtigsten Repräsentanten bestellt? Gibt es nicht auch über allen Wandel hinweg Kontinuitäten, die die historische Genese Pakistans wie ein roter Faden durchziehen?

Wir betrachten an dieser Stelle einen Zeitraum von nicht ganz 40 Jahren: vom Beginn der Ära Zulfikar Ali Bhuttos, des Vaters von Benazir Bhutto, bis hin zum aktuellen Präsidenten Pervez Musharraf, der sich 1999 als damaliger Generalstabschef an die Macht putschte. Dass es hier nicht möglich ist, die historische Entwicklung im Detail nachzuzeichnen, versteht sich von selbst; daher werden einige Erkenntnisse herausgefiltert, die auch für die Analyse der aktuellen Situation in Pakistan relevant sind.

Wenn man zunächst einmal die Beständigkeit und Verweildauer der von der einen oder anderen Regierungsform gestellten Regierungen betrachtet, fällt auf, dass die demokratisch legitimierten Regierungen grundsätzlich deutlich kürzer im Amt blieben als diktatorische Regimes. Den unangefochtenen Rekord in der Wertung der demokratischen Politiker hält Zulfikar Ali Bhutto mit sechs Jahren an der Macht, gefolgt von Benazir Bhutto und Nawaz Sharif, die von 1988 bis 1999 beide jeweils zweimal rund zweieinhalb Jahre regieren durften. Die Zwischenzeiten verteilen sich auf diverse Übergangsregierungen nach Amtsenthebungen und können hier vernachlässigt werden. Eingerahmt werden diese turbulenten elf

Jahre demokratischer Regierungen von der Militärdiktatur unter Zia-ul Haq von 1977 bis 1988 sowie von Musharraf von 1999 bis in die Gegenwart. Zia-ul Haq behauptete sich also genauso lange an der Macht, wie vier demokratische Regierungen zusammengenommen. Und nach dem 1999 beendeten demokratischen Intermezzo folgte die Diktatur Musharrafs, der im Oktober 2008 möglicherweise auf neun Amtsjahre an den Schalthebeln der Macht zurückblicken kann.

Die erste Feststellung: Militärregimes überdauern mindestens eine Dekade, während demokratische Politiker sich in der Regel schon zur Hälfte der Legislaturperiode (fünf Jahre) von ihrem Regierungsposten verabschieden müssen.

Zulfikar Ali Bhutto ist die Ausnahme von dieser Regel. Die Gründe: Bhutto wurde nicht wirklich in sein Amt gewählt, sondern als früherer Außenminister einer Militärregierung von der Armeeführung nach einem verlorenen Krieg und dem Verlust eines großen Landesteiles eingesetzt, und zwar unter Kriegsrechtsbedingungen. Zur Legitimation zog man das Ergebnis der Parlamentswahlen von 1970 heran. Anschließend regierte Bhutto eineinhalb Jahre per Ausnahmezustand, bis es 1973 zur Verabschiedung einer wirklichen Verfassung kam. Diese neue Verfassung setzte Bhutto jedoch sofort per erneut verhängtem Ausnahmezustand außer Kraft und erreichte so das Jahr 1977, in dem die laut Verfassung fälligen Wahlen stattfanden. Diese ließ er zu seinen Gunsten massiv fälschen, was prompt zu blutigen Unruhen in mehreren Landesteilen führte und Zia-ul Haq, dem kurz zuvor von Bhutto selbst ernannten Generalstabschef, den Vorwand lieferte, selbst nach der Macht zu greifen.

Die zweite Feststellung: Auch demokratische Politiker agieren in Pakistan nicht immer so, wie es sich eigentlich für demokratische Politiker gehört. Zulfikar Ali Bhutto ist das Musterbeispiel für einen zivilen Politiker, der sich von den Methoden her kaum von einem

Diktator wie Musharraf unterscheidet (Ähnliches kann man auch über Nawaz Sharifs zweite Amtszeit von 1997 bis 1999 sagen). Allerdings gehört er zu den Wenigen in der pakistanischen Geschichte, die sich an ein so wichtiges, aber auch hochbrisantes Thema wie Landreformen wagten – und dies, obwohl er selbst zur betroffenen Klasse der Feudalherren gehörte. Dafür griff auch Bhutto ähnlich wie Musharraf ausgesprochen hart gegenüber den Paschtunen in der NWFP und den Balutschen in Balutschistan durch und ließ viele seiner politischen Gegner im Gefängnis verschwinden. Die Erinnerung belastet bis heute das Verhältnis zwischen den Angehörigen des Bhutto-Clans und der PPP auf der einen Seite und den traditionellen Machteliten auf der anderen Seite. Als es im Sommer und Herbst 2007 um die Rückkehr Benazir Bhuttos aus dem Exil ging, waren diese Ressentiments bei Musharraf und anderen Größen der politischen Szene in Pakistan deutlich spürbar.

Wie kommt es in Pakistan zu Macht- und Regimewechseln? Grundsätzlich kann man festhalten, dass es in der pakistanischen Geschichte noch nie einen Regierungswechsel durch eine Wahl gegeben hat. Sämtliche demokratischen Regierungschefs wurden entweder von Präsidenten oder auch durch den jeweiligen Generalstabschef abgesetzt. Sowohl im Falle Zulfikar Ali Bhuttos als auch im Falle Nawaz Sharifs wurde der Putsch von den Generälen organisiert, die die Regierungschefs selbst in dieses Amt befördert hatten. Der jeweilige Generalstabschef ist also immer auch ein potentieller Kandidat für die Position des Staatschefs.

Bei den bisherigen Wechseln von der Diktatur zur Demokratie dankten die Militärmachthaber wiederum niemals freiwillig ab und zogen sich in die Kaserne zurück. Entweder waren es von den Militärs verantwortete nationale Katastrophen (wie bei Yahya Khan nach einem verlorenen Krieg und der Spaltung des Landes) oder der eigene – gewaltsame – Tod (wie bei Zia-ul Haq), die den Abschied von der Macht erzwangen.

Schaut man sich die Gestaltungsfreiheiten der mit breiten Mehrheiten legitimierten Regierungen näher an (Benazir Bhutto und Nawaz Sharif), so fällt auf, dass sie während ihrer Amtszeiten dennoch eng von Armeekreisen nahestehenden Netzwerken überwacht wurden. Benazir Bhutto war von diesem Phänomen insbesondere während ihrer ersten Amtszeit betroffen. Ihr Spielraum in der Kaschmir- und auch Afghanistanpolitik tendierte fast gegen Null. Ein noch von Zia-ul Haq handverlesener Präsident, Ghulam Ishaq Khan, agierte als verlängerter Arm der Militärführung und sorgte mit der permanenten Drohung der laut Verfassung möglichen Amtsenthebung für die erwünschte Zurückhaltung Bhuttos. Die alten Seilschaften der Armee hatten also auch die demokratisch gewählten Regierungen so sehr im Schwitzkasten, dass diese in der Außenpolitik nur eingeschränkt agieren konnten.

Interessant ist auch die zweite Amtszeit von Nawaz Sharif, der 1997 mit einer Zweidrittel-Mehrheit ein fulminantes Comeback feiern konnte. Diese Gelegenheit nutzte er sofort, um in einer seiner ersten Amtshandlungen wesentliche Verfassungsänderungen durchzusetzen. Im Kern stellte er die ursprüngliche Verfassung von 1973 wieder her, die zwischenzeitlich von Zia-ul Haq mit einer Reihe von Dekreten in wesentlichen Punkten verändert worden war. Dies führte dazu, dass statt des Präsidenten wieder der Premierminister – vergleichbar mit dem deutschen Bundeskanzler – sämtliche Leitlinienkompetenzen in den Händen hielt. Die Verfassungsänderung machte den vorher noch fast allmächtigen Präsidenten zu einem Staatsoberhaupt mit eher symbolischen Repräsentationspflichten (vergleichbar mit dem deutschen Bundespräsidenten). Vor allem verlor der Präsident das Recht, den Premierminister und die Regierung entlassen zu können, was bis dahin wie ein Damoklesschwert über den Köpfen pakistanischer Premiers schwebte (und seit dem Machtantritt Musharrafs wieder möglich ist). Nach vollzogenem Husarenstück, das Sharif ungeahnte Gestaltungsfreiräume eröffnete, folgte die Geschichte der leichtfertigen Vergabe der vielleicht größten Chance, die die Demokratie in Pakistan je hatte: Anstatt seine Vollmachten für die seit Langem überfälligen Reformen zu nutzen, steigerte sich Sharif in einen Machtrausch und versuchte eine Säule der Gewaltenteilung nach der anderen zu demontieren – vom Parlament über den Senat bis hin zum Verfassungsgericht. Auch die Medien, die Zivilgesellschaft und die Nicht-Regierungsorganisationen (auch die ausländischen) gerieten ins Visier. Als er es dann aber wagte, seinen Armeechef Musharraf zu entlassen, was ihm laut Verfassung zustand, reagierte dieser schnell und drehte per Machtübernahme den Spieß um. Das Experiment Demokratie war wieder einmal für längere Zeit beendet.

Die Möglichkeit, über eine Zweidrittel-Mehrheit die Verfassung zu verändern, ist übrigens immer eine Chance für demokratische Parteien, in einem semidemokratischen Plenum wie dem gegenwärtigen die vollen parlamentarischen Freiheiten wieder herzustellen. Diese potentielle Gefahr ist auch der Grund, warum Musharraf sowohl bei den Wahlen 2002 als auch im Vorfeld der Wahlen 2008 massiv manipulierte, um einen solchen für ihn und die Armee höchst ungemütlichen »demokratischen Betriebsunfall« zu verhindern. Das drastische Eingreifen der Armee nach dem Votum von 1970 mit einem für die Armee nicht akzeptablen Ergebnis zeigt aber auch, mit welchen Reaktionen man im Falle einer solchen Wendung rechnen muss. Dass dies aber wiederum der entscheidende Katalysator für Entwicklungen sein kann, die auch von der Armee nicht mehr gesteuert werden können, lässt sich am Beispiel der Abspaltung Ostpakistans studieren.

Abschließend noch ein Blick auf ein interessantes regimeübergreifendes Kontinuum: Sämtliche Regierungen von Zulfikar Ali Bhutto über Zia-ul Haq, Benazir Bhutto, Nawaz Sharif bis hin zu Pervez Musharraf haben in ihren Amtszeiten in der einen oder anderen Form mit islamistischen Parteien und Bewegungen kooperiert und auch Gesetze auf den Weg gebracht, die einer weiteren Islamisierung der Gesellschaft Vorschub leisten. Besonders Zia-ul Haq versuchte die mangelnde Legitimität seines Regimes mit einer akzentuierten Islamisierungspolitik zu unterfüttern. Aber auch der selbsternannte Sozialist Zulfikar Ali Bhutto stempelte die Sekte der Ahmadis per Gesetz zu Nicht-Muslimen und verbot ihnen den Gebrauch muslimischer Rituale. Damit folgte er einer lang gehegten Forderung der Muslime, die die Ahmadis als Ketzer verurteilen. Der Hintergrund: Der Stifter der Sekte, Ahmad, wird von den Ahmadis als Prophet verehrt. Für »echte« Muslime ist dies Blasphemie.

Durch das Gesetz verloren die Ahmadis einen Teil ihrer Bürgerrechte wie das Wahlrecht; außerdem zählt ihre Aussage vor Gericht nur die Hälfte. In der Folge gab es zahlreiche Blasphemieprozesse gegen Ahmadis, aber auch andere religiöse Minderheiten, was die Islamisten als Bühne für ihre Propaganda benutzten.

Nawaz Sharif tat sich gleich mit mehreren wichtigen Gesetzesinitiativen hervor, darunter auch die Verabschiedung des Scharia-Gesetzes von 1991. Benazir Bhutto unterließ zwar Initiativen zu einer weiteren Islamisierung des Landes, aber sie ging auch nicht auf von Seiten der Zivilgesellschaft herangetragene Forderungen ein, ihre Amtszeit für eine Verbesserung der rechtlichen Situation von Frauen und religiösen Minderheiten zu benutzen. Dies hätte sofort die Islamisten auf die Barrikaden getrieben und vermutlich dazu geführt, dass sich Bhutto noch eher von der Macht hätte verabschieden müssen. Dafür hob Benazir Bhutto als politisch Verantwortliche 1994 die Taliban-Bewegung aus der Taufe.

In der Frage der Islamisierung Pakistans gibt es also zwischen den einzelnen Regierungen und Regierungsformen zwar deutliche graduelle Unterschiede, aber niemand stellt den offenbar allgemein akzeptierten Grundkonsens zur Disposition.

Die Bhutto-Saga: Aufstieg und Fall einer Dynastie

Die Geschichte des Bhutto-Clans ist die einer Familie, die seit Generationen von Macht, Gewalt und Tod gekennzeichnet wird, vergleichbar mit den Kennedys in den USA oder der Nehru-Gandhi-Dynastie in Indien. Zulfikar Ali Bhutto, der frühere Premierminister und Präsident, wurde 1979 zwei Jahre nach seiner Entmachtung durch die Militärs gehängt. Sein erster Sohn, Shahnawaz Bhutto, wurde 1985 unter mysteriösen Umständen in einem Hotel im französischen Cannes vergiftet. Sein zweiter Sohn, Murtaza Bhutto, wurde 1996 in Karatschi von einem Polizeikommando erschossen. Seine älteste Tochter, die zweifache Premierministerin Benazir Bhutto, wurde am 27. Dezember 2007 nach einer Wahlkampfveranstaltung in Rawalpindi bei Islamabad durch ein Selbstmordattentat getötet. Und seinen einzigen Enkel, den 19-jährigen Bilawal Bhutto Zardari, bestimmte man nach dem Tod seiner Mutter zum Vorsitzenden der größten pakistanischen Partei, der PPP. Er soll eines Tages das politische Erbe von Großvater und Mutter antreten und an der Staatsspitze Pakistans die Tradition der Bhuttos fortsetzen. Werfen wir einen Blick auf die wichtigsten Stationen in der faszinierenden Familienchronik dieser Politiker-Dynastie, die in jeder Generation alle Höhen und Tiefen erlebte, nach jeder Katastrophe wie Phönix aus der Asche stieg und dem Lockruf der Macht erlag.

Der Fall Zulfikar Ali Bhuttos

Am 4. April 1979 wurde Zulfikar Ali Bhutto im Hof des Gefängnisses von Rawalpindi gehängt, nur wenige hundert Meter von der Stelle entfernt, wo fast 30 Jahre später seine älteste Tochter Benazir ermordet werden sollte. Vorausgegangen war ein inszenierter Scheinprozess wegen angeblicher Ermordung eines politischen Gegners, der mit einem Todesurteil der unter der Kuratel der neuen Militärregierung Zia-ul Haqs stehenden Justiz endete. Die Vision des von Zeitzeugen als arrogant und autokratisch beschriebenen Politikers, in Pakistan eine Art Islamischen Sozialismus zu verwirklichen, war endgültig gescheitert. Zwei Jahre zuvor, am 5. Juli 1977, hatte Bhuttos Leidensweg begonnen, als ihn ein Militärkommando verhaftete und damit den Staatsstreich der Armee gegen die seit 1971 amtierende zivile Regierung einleitete. Zum zweiten Mal nach 1958 griff die Militärführung nach der Macht, dabei hatte sie Bhutto eigentlich viel zu verdanken: In seiner Amtszeit schenkte er der Modernisierung und Wiederaufrüstung der nach der verheerenden Niederlage von 1971 tief gedemütigten Armee große Aufmerksamkeit und leitete einen bedeutenden Teil der Staatsfinanzen in den Rüstungshaushalt. Aber der in Oxford und Berkeley ausgebildete Aristokratensohn einer reichen sindhischen Landbesitzer-Dynastie war den konservativen Militärs, den Islamisten und auch seinen Standesgenossen, den Feudalherren, mit seinem betont westlichen Lebenswandel, seiner sozialistischen Rhetorik und seinen Landreformen schon lange ein Dorn im Auge gewesen. Immer lauter wurde Bhutto öffentlich Unterdrückung, Korruption, Vetternwirtschaft und Amtsmissbrauch vorgeworfen.

Tatsächlich hatte Bhutto längst das Parlament zu einer bloßen Ab- und Zustimmungsmaschine degradiert und agierte immer selbstherrlicher. Den geradezu herbeigesehnten Vorwand für einen Putsch boten schließlich die Wahlen vom 7. März 1977, die Bhuttos

PPP mit einem brillanten Ergebnis für sich entscheiden konnte. Die Wahl war so offensichtlich manipuliert worden, dass sich weit über das Lager der düpierten Opposition hinaus ein Sturm der Entrüstung erhob, der rasch zu Unruhen führte, die die Sicherheitskräfte mit brutaler Gewalt niederzuschlagen versuchten. Das Wahlergebnis selbst wurde zwar in einem Überprüfungsverfahren annulliert, was jedoch den Volkszorn eher noch anheizte. Im Mai und Juni desselben Jahres stand das Land wegen ständiger Streiks und gewalttätiger Ausschreitungen am Rande eines Bürgerkriegs. Als dann Zia-ul Haq mit seiner Junta zur Tat schritt, flankiert von einem breiten Bündnis von den religiösen Parteien über die parlamentarische Opposition bis hin zu den Landlords, fand dies in der breiten Öffentlichkeit fast einhelligen Applaus. Angesichts der 38.000 politischen Gefangenen, die *amnesty international* am Ende der Bhutto-Amtszeit zählte, war diese Reaktion verständlich. Zudem hatten die Unruhen nach den Wahlen viele Opfer gefordert: rund 200 Tote und mehrere tausend Verletzte. Bhutto versuchte zwar noch einmal mit dem Versprechen von Neuwahlen sein Amt und seinen Kopf zu retten – aber dafür war es zu spät. Dass er im Verlauf seiner Amtsjahre mehr und mehr zu einem Autokraten mutiert war, der nicht den geringsten Widerspruch ertragen konnte, brach ihm buchstäblich das Genick. Doch nicht nur dieser Regierungsstil nach Gutsherrenart stieß im Wahlvolk auf Missmut. Vor allem hatte Bhutto zahlreiche Wahlversprechen gebrochen und damit die kleinen Leute vor den Kopf gestoßen, die ihn in die Regierungsverantwortung gebracht hatten.

Doch Bhuttos Bilanz weist auch Höhepunkte auf. Der »größte Sohn Pakistans«, wie Zia-ul Haq seinen Dienstherrn noch kurz vor dem Putsch öffentlich pries, war vor allem auch der Retter der nationalen Einheit.

Als General Yahya Khan und »seine Bande psychopathischer Analphabeten«, wie Bhutto zu sagen pflegte, im Dezember 1971 nach der Kapitulation gegen Indien zurücktraten und Bhutto die Macht anvertrauten, war der neue Präsident der einzige Politiker Pakistans, der sein Land aus einer katastrophalen Situation zu führen vermochte. Dank seines begnadeten Rednertalents gelang es Bhutto, seine Landsleute davon zu überzeugen, dass die Amputation Bangladeschs überlebt werden könne. Die Grundlage dazu schuf er auf diplomatischem Parkett, wo er wahre Wunder wirkte. So nahm er innerhalb weniger Jahre die diplomatischen Beziehungen zu Bangladesch auf, normalisierte die Verbindungen zu Indien, führte Pakistan in den Zeiten des Kalten Krieges vom einstigen engen Verbündeten des Westens in die Gruppe der Blockfreien Staaten und positionierte sich selbst als einer der international einflussreichsten Politiker der Dritten Welt. Dank dieser Leistungen war er auch 1977 noch für viele seiner Landsleute mehr als nur ein ungewöhnlich charismatischer Politiker: Er war ein lebendes Symbol. Und genau dieses Symbol war es, das Zia-ul Haq zusammen mit seinen Vertrauten stürzen und vernichten wollte, um die eigenen Machtambitionen und die seiner Gefolgsleute zu wahren. Sein Ziel, mit Zulfikar Ali Bhutto zugleich auch den Mythos PPP und das geheimnisvolle Karma dessen Clans zu brechen, sollte ihm allerdings nicht gelingen.

Benazir Bhutto: die »Unvergleichliche« mit Licht und Schatten

Benazir Bhutto erscheint nach ihrem gewaltsamen Tod vom 27. Dezember 2007 vielen Kommentatoren in der westlichen Welt als die verlorene Hoffnungsträgerin schlechthin, die als einzige über genügend Charisma und Autorität verfügte, um die Abwärtsspirale in dem von Demokratiedefiziten, Korruption und militanten Islamisten geplagten Pakistan zu durchbrechen und das Land in eine bessere Zukunft führen zu können. Aber war Benazir Bhutto tatsächlich jene Lichtgestalt, zu der sie in vielen Leitartikeln rund um den Globus stilisiert wurde? Ein Exkurs in die Geschichte ihrer beiden Amtszeiten von 1988 bis 1990 sowie von 1993 bis 1996 sorgt für eine gewisse Ernüchterung.

Der 6. November 1996 war der letzte Arbeitstag Benazir Bhuttos als Premierministerin von Pakistan. Präsident Farooq Leghari machte an diesem Tag von seinem präsidialen Recht Gebrauch, seine Regierungs- und Parteichefin vorzeitig zu entlassen. Die offizielle Begründung: Unfähigkeit und Korruption im Amt. Damit wiederholte sich für Benazir die Geschichte, denn schon 1990, nach nur 20 Monaten im Amt, war ihr unter einem anderen Präsidenten dasselbe Schicksal widerfahren. Auch damals hieß das Verdikt Unfähigkeit und Korruption im Amt.

Beide Male kam der Rauswurf der streitbaren Politikerin für die damaligen Beobachter nicht überraschend. Schon länger hatte in Islamabad die Gerüchteküche gebrodelt; alles schien nur noch eine Frage der Zeit zu sein, und die Tage der »Tochter der Macht« (so der deutschsprachige Titel ihrer Autobiographie »Daughter of the East«) waren gezählt. In der festen Überzeugung, dass auf ihren Schultern die Verantwortung für das Schicksal Pakistans ruht, klammerte sie sich zwar bis zum Schluss an ihren Posten, konnte ihren Sturz jedoch weder beim ersten noch beim zweiten Mal verhindern. Nach einer Kette von Fehlern, die sie in ihren kurzen Amtszeiten begangen hatte, gab es in ihrer Umgebung kaum noch jemanden, der bereit gewesen wäre, seine schützende Hand über Bhutto zu halten. Für ihr erstes Scheitern hatte sie die ihr feindlich gesonnenen Militärs, die noch dem Geiste Zia-ul Haqs verhaftete Bürokratie und den damaligen Präsidenten Ishag Khan, ein alter Weggefährte des verblichenen Diktators, für das Desaster verantwortlich machen können. Beim zweiten Mal waren die Voraussetzungen jedoch ganz andere. Denn 1990 saß im Präsidentenpalast jemand, der wenigstens zu Beginn politisch und auch persönlich allen Grund hatte, seine Regierungschefin zu unterstützen. Farooq Leghari gehörte als lang gedienter PPP-Politiker noch zu der alten Garde um Zulfikar Ali Bhutto und kannte dessen begabte älteste Tochter, die spätere Oxford- und Harvard-Absolventin, schon von Kindesbeinen an. Doch das Verhältnis der beiden sollte sich im Alltag des täglichen Regierungsgeschäfts rasch eintrüben. Vor allem, so bekannte Leghari später einmal in einem Interview, hätte er am Ende die »Tagesbefehle« seiner »alles niederwalzenden Premierministerin, deren Arroganz es nicht ertragen hätte, den Staatschef von ihren Entscheidungen in Kenntnis zu setzen«, nicht mehr ausgehalten. In der Praxis sorgten hauptsächlich Personalentscheidungen bei der Besetzung von Schlüsselposten wie dem Generalstabschef der Armee und dem Richter des Obersten Gerichtshofs für ständigen Zwist, da Bhutto stets entgegen den Verfassungsbestimmungen versuchte, ihre Kandidaten am Präsidenten vorbei durchzusetzen. Eine höchstrichterliche Entscheidung zugunsten des Präsidenten, die ihr in Zukunft solche Praktiken untersagte, trug nicht eben zur Verbesserung des Betriebsklimas in der Chefetage bei.

Was die Armeeführung anging, hatte diese Bhuttos PPP bei den Wahlen von 1993 nach den negativen Erfahrungen mit deren Amtsvorgänger Sharif sogar unterstützt. Doch auch diese zarten Ansätze einer Klimaverbesserung verflüchtigten sich rasch und verkehrten sich ins Gegenteil. Erneut fand sich Bhutto wie in ihrer ersten Amtszeit in der Zwickmühle zwischen dem Präsidenten und der Militärspitze wieder – aber diesmal hatte die PPP-Chefin ihre missliche Lage selbst verschuldet. Der Vorwurf des Präsidenten, dass die Premierministerin in Korruption und Vetternwirtschaft verwickelt sei, hatte nicht nur Hand und Fuß, sondern auch einen Namen: Asif Zardari.

Schon während Bhuttos erster Amtszeit verdiente sich ihr Ehemann, der Zementunternehmer Asif Ali Zardari, den Spitznamen

»Mr. 10 Prozent«, indem er für Regierungsaufträge zugunsten der Familienkasse von den Auftragnehmern Provisionen einstrich. Die offizielle Funktion Zardaris in der Regierung: Minister für Investitionen. Da es in der Folge zwar zu diversen Klagen, aber nie zu einer Verurteilung des Ehepaares Bhutto-Zardari kam, stand 1993 Benazirs Comeback als Regierungschefin nichts im Wege. Aber auch diesmal dauerte es nicht lange, bis die pakistanischen Medien Korruptionsskandale aufdeckten, auch wenn Zardari diesmal seinen dubiosen Geschäften eher aus dem Hintergrund nachging. Sein Ziel war nach wie vor, öffentliche Mittel auf Privatkonten umzuleiten. Nach der Amtsentlassung 1996 war das Ansehen Benazir Bhuttos wegen der permanenten Skandale um die Selbstbereicherung der »Regierenden Familie« bei der Bevölkerung derart ruiniert, dass die PPP bei den anschließenden Neuwahlen mit einer katastrophalen Niederlage abgestraft wurde. Erneut befasste sich anschließend die pakistanische Justiz mit den gegen Bhutto und Zardari erhobenen Vorwürfen, diesmal allerdings auch auf internationaler Ebene, um die veruntreuten Millionenbeträge aufzuspüren. Die von der pakistanischen Staatsanwaltschaft vorgelegten Beweise reichten immerhin aus, um 1997 in der Schweiz die Sperrung von Bhuttos Konten mit insgesamt zwölf Millionen US-Dollar zu erreichen, die von Briefkastenfirmen stammten, die in Panama und auf den Jungferninseln registriert waren. Inhaber der Firmen war ein als Strohmann fungierender pakistanischer Anwalt und enger Vertrauter des Ehepaares Bhutto-Zardari. 1998 erhob auch die Schweizer Justiz Anklage wegen »einfacher Geldwäsche« gegen das Ehepaar. 2004 erweiterte die Staatsanwaltschaft Genf die Anklage um den Vorwurf der »gewerbsmäßigen Geldwäsche«, was eine Verjährung ausschloss. Noch am 15. Oktober 2007, kurz vor der Rückkehr Bhuttos nach Pakistan, meldete sich der mit dem Bhutto-Dossier befasste Genfer Untersuchungsrichter Vincent Fournier zu Wort und bestätigte, dass in der Schweiz ein Gerichtsverfahren gegen das Ehepaar Bhutto-Zardari eröffnet werde. Ähnlich äußerte sich am selben Tag auch der neue Schweizer Botschafter in Islamabad, Markus Peter, gegenüber dem Rundfunksender »Schweizer Radio International«. Auch in Spanien und in Großbritannien, wo sich die Bhuttos einen Herrensitz nebst ausgedehnten Parkanlagen zugelegt hatten, waren zuletzt ähnliche Verfahren wegen Geldwäsche anhängig, die aber nach dem Tod Bhuttos unter Umständen eingestellt werden könnten. Die Gesamtsumme, um die es dabei geht, bezifferte das angesehene US-amerikanische Finanzmagazin *Wall Street Journal* im Sommer 2007 auf 100 Millionen bis 1,5 Milliarden US-Dollar.

Benazir Bhutto beeindruckten diese Vorwürfe bis zuletzt wenig. Immer wieder betonte sie gegenüber den Medien ihre Unschuld und machte die Musharraf-Regierung – die es aber erst seit 1999 gibt – für diese »Schmutzkampagne« verantwortlich, die sie politisch demontieren solle. In jenem Herbst 1996, als in Pakistan gerade der Kauf des britischen Schlösschens bekannt geworden war und sie ihren Ehemann wie zum Hohn erneut zum Investitionsminister ernannt hatte, schleuderte sie den erbosten Parlamentariern bei einer turbulenten Sitzung zu ihrer Rechtfertigung entgegen: »Von mir aus kann man gerne gegen mich ermitteln! Ich habe keine Angst, ich ziehe die Gefängnisse den Palästen vor!« Bei der Parlamentssitzung ging es übrigens um eine Verfassungsänderung zur wirksameren Bekämpfung von Korruption.

Trotz dieser Schatten, die die Bilanz ihrer Lebensleistung trüben, bleibt sie dennoch als eine ungewöhnliche, mutige und gebildete Politikerin in Erinnerung, die es wie ihr Vater verstand, nur mit Worten hunderttausende Menschen, begierig auf Demokratie und ein besseres Leben, in ihren Bann zu ziehen. Sie war auch in Pakistan eine Hoffnungsträgerin, aber nicht der Mächtigen, wie es im Westen der Fall war, sondern der Schwachen – auch wenn sie deren Hoffnungen wie ihr Vater enttäuschte. Und wie ihrem Vater wurden auch Benazir ihre autokratischen Neigungen und ihre

Schwäche für Allmachtsphantasien zum Verhängnis. In letzter Konsequenz wurde sie am Ende Opfer ihres eigenen Machthungers – ein Komplex, der alle Politiker dieser großen pakistanischen Dynastie prägt.

Im Fadenkreuz der Weltpolitik

Die Nachrichtenlage erweckt seit einigen Jahren den Eindruck, als sei das außenpolitische und militärische Engagement Islamabads ganz auf seine fragile Westgrenze und Afghanistan fokussiert. Das ist jedoch aus Sicht pakistanischer Strategen nur ein eher untergeordneter Teilkonflikt, der sich in ein weit umfassenderes Konfliktszenario einfügt. Der eigentliche, alles andere überragende Fixpunkt, der seit 60 Jahren den Kurs der pakistanischen Diplomatie bestimmt, liegt im Osten und heißt Indien.

Der Kaschmirkonflikt und das schwierige Verhältnis zu Indien

Der unbedingte Wille, sich gegen die Bedrohung des großen, feindlichen Bruderstaates zu behaupten, begleitet als Leitmotiv alle Aktivitäten auf internationalem Parkett – von der Afghanistanpolitik bis zur Zusammenarbeit mit dem Westen im Kampf gegen den Terror. Die traumatische Erfahrung dreier verlorener Kriege erzwingt diese Konzentration auf die Dauerkonfrontation mit dem in allen Belangen überlegenen Nachbarn geradezu. Symbol und Konfliktkern der schwierigen Nachbarschaft ist die seit der Gründung beider Länder umstrittene und bis heute ungelöste Kaschmirfrage. Nach den Kriegen von 1947/48 und 1965 signalisieren der Beinahe-Krieg von 1999 während der sogenannten Kargil-Krise und auch die nuklearen Drohgebärden beider Seiten während der Krise von

Umstrittene Territorien im westlichen Pakistan

2002, als sich in Kaschmir über einige Wochen hinweg mehr als eine Million Soldaten kampfbereit gegenüberstanden, die aktuelle Brisanz dieses Themas. Was den Kaschmirkonflikt kompliziert – und auch die Bemühungen um dessen Lösung –, ist die Tatsache, dass auch dieser indisch-pakistanische Zankapfel wiederum in überregionale, internationale Konflikte eingebettet ist. So galt der Kaschmirkonflikt während des Kalten Krieges noch als klassischer Fall eines Stellvertreterkrieges zwischen den Supermächten USA und Sowjetunion, da sich hier die damaligen geostrategischen Achsen kreuzten (Sowjetunion plus Indien versus China, Pakistan und im Hintergrund USA). Nach dem Ende des Ost-West-Konfliktes wurde er dann im Westen vor allem als Exportartikel des panislamischen *Jihad* interpretiert. Und nachdem sich der internationale Interessenschwerpunkt seit dem 11. September 2001 auf den Raum Afghanistan, Iran und Irak konzentriert, wird der Kaschmirkonflikt im Rücken des Frontstaates Pakistan nur noch als lästiger Störfaktor wahrgenommen. Immerhin ebnete auf dem Höhepunkt der indisch-pakistanischen Spannungen von 2002 die Sorge um die eigenen Truppen in Afghanistan den Weg für eine massive diplomatische Intervention der USA und Großbritanniens, die die Kriegsgefahr entschärfte. Nachdem Indien im Frühjahr 2003 mit einer ersten versöhnlichen Geste an die Adresse Islamabads das Eis brechen konnte, verhandeln beide Länder weitgehend unbemerkt von der Weltöffentlichkeit um Lösungen für einen der verzwicktesten Konflikte, die die internationale Politik überhaupt zu bieten hat. Die Marschroute, auf die man sich dabei offensichtlich einigte, könnte man mit einem Schlagwort aus dem Vokabular der deutsch-deutschen Beziehungen vor 1989 als »Wandel durch Annäherung« umschreiben: Einrichtung neuer Grenzübergänge, Besucheraustausch, Zoll- und Handelsabkommen und Kleiner Grenzverkehr für Kaschmiris sind einige der bereits erreichten Ergebnisse dieser Bemühungen. Solche Etappen markierten einst auch den in den deutsch-deutschen Beziehungen zurückgelegten Weg.

Dennoch bleibt der Friedensprozess störanfällig. Dies zeigte sich zuletzt im Herbst 2007, als britische und indische Elitetruppen in Ladakh, das auch zu den zwischen Indien und Pakistan umstrittenen Gebieten gehört, ein gemeinsames dreiwöchiges Manöver abhielten. Das Ausbildungsziel: Ein Höhentraining unter realistischen Bedingungen für die britischen Soldaten, die in Afghanistan eingesetzt werden sollen. Zeitgleich erhielten zivile Bergsteigergruppen erstmals die Erlaubnis von Delhi, die Gipfel im Gebiet des bis zu 6.300 Meter hohen Siachen-Gletschers zu erklettern, wo sich bis vor wenigen Jahren zwei Dekaden lang indische und pakistanische Truppenverbände beinahe täglich Artillerieduelle geliefert hatten.

Beides – die Manöver und die Expedition – war offenbar nicht mit der pakistanischen Seite abgestimmt. Postwendend hagelte es scharfen Protest aus Islamabad, das diese Vorgänge als Verstöße gegen das bilaterale Simla-Abkommen (auf das später genauer eingegangen wird) und den Geist der laufenden Verhandlungen geißelte. Da sich sowohl die indische als auch die britische Regierung in der Affäre uneinsichtig hinsichtlich der pakistanischen Bedenken zeigten, fürchten nun die kaschmirische Zivilbevölkerung und Regionalpolitiker beiderseits der Demarkationslinie eine neue Eiszeit in den indisch-pakistanischen Beziehungen, die die erreichten Erleichterungen im Alltag wieder zunichte machen könnte.

Warum im Verhältnis zwischen Indien und Pakistan ausgerechnet den Streitigkeiten um die Himalajaregion im äußersten Norden des Subkontinents eine besondere Brisanz zukommt, zeigt ein Blick auf die Hintergründe:

Als das britisch-indische Imperium 1947 aufgelöst wurde, sollte das Erbe – wie bereits bekannt – nach dem Kriterium der Religionszugehörigkeit der Bevölkerungsmehrheit zwischen den beiden Nachfolgestaaten aufgeteilt werden. Im Falle des autonomen Fürstentums Jammu und Kaschmir machte der Maharaja, ein Hindu, von einer Ausnahmeregelung im Teilungsabkommen für Territorien mit politischem Sonderstatus Gebrauch und entschied sich für die Unabhängigkeit. Auf die Entscheidung ihres Souveräns reagierte die muslimische Bevölkerungsmehrheit mit einer Rebellion, der sich auch die Truppen des Maharajas und paschtunische Freischärler anschlossen. In dieser Notlage wandte sich der Fürst mit der Bitte um Hilfe an die indische Regierung. Per Junktim erreichte Delhi zunächst die Beitrittserklärung des Maharajas zur Indischen Union und griff dann mit regulären Armeeeinheiten in den Konflikt ein – der erste pakistanisch-indische Krieg um Pakistan hatte begonnen.

Nach Vermittlung der Vereinten Nationen zogen sich beide Seiten am 1. Januar 1949 hinter eine vereinbarte Waffenstillstandslinie zurück, die im Wesentlichen bis heute – über alle weiteren kriegerischen Konflikte hinweg – die Grenze zwischen Indien und Pakistan in Kaschmir bildet. Bedingt durch den Kriegsverlauf ist also das ehemalige Fürstentum Jammu und Kaschmir seitdem in einen indischen und einen pakistanischen Teil aufgespaltet. Das von Pakistan kontrollierte Gebiet umfasst die von Islamabad unterschiedlich eingestuften Regionen Northern Areas, Azad (Freies) Jammu und Kaschmir (AJK). Während die direkt von der Bundesregierung verwalteten Northern Areas nach pakistanischer Lesart im Falle von Verhandlungen mit Indien nicht zur Disposition stehen, hat Islamabad bewusst auf die formale Integration von AJK verzichtet (dies ist auch der Grund, warum es dort eine eigene Regierung, ein Parlament und eigene Parteien gibt). Dies soll unter Berufung auf 1948 und 1949 verabschiedete UN-Resolutionen, die in der völkerrechtlichen Interpretation des Konfliktes auch heute noch eine wichtige Rolle spielen, die Forderung nach einer Volksabstimmung in ganz Jammu und Kaschmir legitimieren. Die Regierung in Delhi hat dagegen den von Indien verwalteten Teil inzwischen vollständig als eigenen Bundesstaat Jammu und Kaschmir in die Indische Union integriert.

Aus historischer Perspektive betrachtet besteht der Kaschmirkonflikt zwischen Pakistan und Indien aus drei strukturell miteinander verbundenen Teilkonflikten:

- Der bilaterale Konflikt wurde seit 1990 bis zum Beginn der aktuellen Verhandlungsphase ausgetragen. Seit dem im Juni 1972 von Zulfikar Ali Bhutto und Indira Gandhi abgeschlossenen Simla-Abkommen (benannt nach dem im indischen Teil des Himalaja gelegenen Tagungsort), das einem bilateralen Lösungsansatz den Vorrang, nicht aber die Ausschließlichkeit bei Streitigkeiten einräumt, galt der Konflikt bis 1989 als entschärft. Seit Anfang 1990 bis in die jüngste Vergangenheit war die Inter-

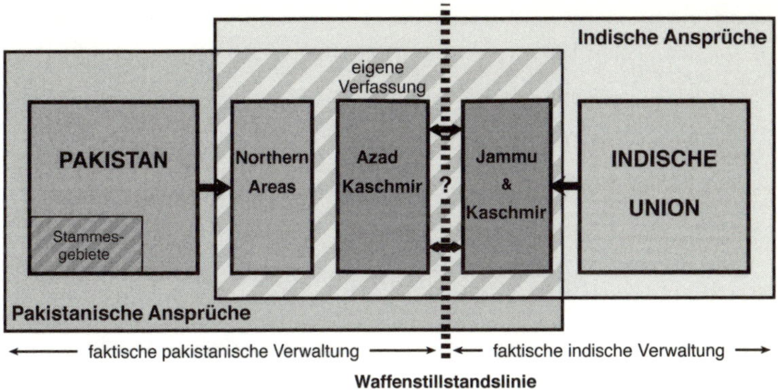

Der Kaschmir-Konflikt © H. Kreutzmann

pretation des Vertrags jedoch heftig umstritten. Indien beharrte auf dem rein bilateralen Ansatz, während Pakistan aus dem Vertrag auch einen internationalen Lösungsweg ableitete – Bilateralismus kontra Internationalisierung. Pulverisiert wurde diese Konfliktkonstellation durch die geostrategischen Verschiebungen in der Region, die die Intervention der USA und ihrer Verbündeten in Afghanistan auslöste. Die Präsenz dritter Mächte in Südasien erzwang auf indischer Seite in dieser Frage ein Umdenken. Die Tatsache, dass Pakistan heutzutage mit Blick auf die geschilderte Affäre der britisch-indischen Truppenübungen in Kaschmir auf die Einhaltung des Simla-Abkommens pocht, zeigt deutlich, wie radikal sich die Lage und damit auch die Argumentationen verändert haben.

- Der innerindische Konflikt, also der Separationskampf der muslimischen Kaschmiris, entzündete sich an der Kaschmir-Politik Delhis. Die Unruhen breiteten sich 1988 aus und schlugen im November 1989 in eine Sezessionsbewegung um. Seit Beginn der neunziger Jahre engagierten sich mehr und mehr nicht-kaschmirische militant-islamistische Gruppen in dem Konflikt und drängten die kaschmirischen Nationalisten allmählich an die Seite. Diese Entwicklungen hatten eine Reaktivierung des schwelenden bilateralen Konfliktes zur Folge. Das Bindeglied ist Indiens Vorwurf an Pakistan, die kaschmirischen Separatisten beziehungsweise die islamistischen Milizen zu unterstützen. Inzwischen haben die Infiltrationen solcher Kommandos von pakistanischem Gebiet aus und auch die terroristischen Aktivitäten deutlich nachgelassen, auch wegen eines inzwischen entlang der Demarkationslinie errichteten Sicherheitszaunes. Dennoch kommt es auch heute noch immer wieder zu Anschlägen in der von Indien kontrollierten Zone, die – bislang vergeblich – die laufenden Friedensgespräche torpedieren sollen.

- Der Territorialkonflikt um den strategisch bedeutsamen Siachen-Gletscher im Himalaja und die damit verbundenen Kämpfe auf dem Gletscher hielten von 1984 bis 2003 an und wurden isoliert von den beiden anderen Teilkonflikten fortgesetzt. Der Umstand, dass dort jetzt schon seit vier Jahren die Waffen schweigen, ist deshalb als großer Fortschritt zu werten. Die laufenden Friedensgespräche sorgten auf diesem Schauplatz für einen Truppenrückzug und eine teilweise Demilitarisierung. Der Vorstoß Delhis, jetzt von indischer Seite aus Bergsteiger auf den Gletscher zu lassen, ist allerdings eine schwerwiegende Provokation, denn zur Vorgeschichte der ersten Kämpfe von 1984 gehört, dass damals Pakistan Bergsteigergruppen von seiner Seite aus auf den Siachen-Gletscher und auch auf den nahegelegenen K-2, den zweithöchsten Berg der Erde, ließ – ein Versuch, dieses nur vage in dem Vertrag von Simla definierte Gebiet für sich zu reklamieren. Auch hier haben sich die Positionen und Argumente offenbar um 180 Grad gedreht.

Wenn von Unhabhängigkeitsbestrebungen der Kaschmiris und terroristischen Aktivitäten islamistischer Gruppierungen im indischen Teil Kaschmirs die Rede ist, muss bedacht werden, dass der indische Bundesstaat Jammu und Kaschmir aus drei völlig unterschiedlichen Distrikten besteht. Das Kerngebiet dieser Unruhen beschränkt sich auf einen dieser Distrikte, das Kaschmir-Tal. Hier bilden kaschmirisch-sprachige sunnitische Muslime die Bevölkerungsmehrheit. Die jahrelangen Unruhen dort haben eine Fluchtbewegung der hinduistischen Minderheit ausgelöst, die das Übergewicht der sunnitischen Kaschmiris noch erhöht. Die Hindus flohen vor allem in den benachbarten Jammu-Distrikt, der von einer hinduistischen Mehrheit bewohnt wird, die die Integrationspolitik der indischen Bundesregierung aktiv unterstützt. Der dritte Distrikt ist Ladakh, in dem zur Hälfte tibetisch-stämmige Buddhisten und schiitische Muslime leben. Ladakh fordert seit Ende der vierziger Jahre die Heraustrennung aus dem Bundesstaat und ist wegen seiner Nähe zu dem von China kontrollierten, aber von Indien beanspruchten Himalaja-Gebiet Aksai Chin für Indien von militärischer und strategischer Bedeutung.

Die Bedeutung von Jammu und Kaschmir insgesamt besteht für Delhi darin, dass nur in diesem Bundesstaat der Indischen Union eine muslimische Bevölkerungsmehrheit besteht. Das verleiht den Separationsbestrebungen der muslimischen Kaschmiris innenpolitische Brisanz, da die Integration dieses Bundesstaates Delhi als Beweis für den toleranten und säkularen Staatscharakter der Indischen Union dient. Bezogen auf die Situation in Kaschmir argumentiert die indische Regierung, dass die dortigen Terroraktivitäten rein politisch motiviert seien und bestreitet prinzipiell jeglichen religiösen Charakter.

Vor diesem Hintergrund war es natürlich Musik in indischen Ohren, dass Musharraf seit einigen Jahren von der klassischen pakistanischen Forderung nach einer Volksabstimmung über die künftige Zugehörigkeit zu Pakistan oder Indien auf der Basis der UN-Resolutionen abgerückt ist und sie nicht mehr für zwingend notwendig hält. Die im Kaschmir-Tal aktiven Widerstandsgruppen forderte er zum Dialog mit der indischen Regierung auf und signalisierte sogar mögliche Akzeptanz der Waffenstillstandslinie als dauerhafte Grenze – unter der Bedingung, dass in Zukunft das gesamte umstrittene Territorium von Pakistan und Indien gemeinsam verwaltet werde. Konkretisiert sich dieser Vorschlag, steht auch eine Entmilitarisierung dieser Zone, erleichterter Grenzverkehr und eine Art gesamtkaschmirische Regionalregierung im Raum. Mit Blick auf die innenpolitische Lage im eigenen Land und im angrenzenden Afghanistan böte sich über eine Beruhigung des Kaschmirkonfliktes zudem die Möglichkeit, dort gebundene militärische Kräfte bei der Aufstandsbekämpfung im eigenen Land einsetzen zu können. Und auch die islamistischen Milizen ließen sich so über die Schließung des kaschmirischen und des offenen afghanischen Vehikels auf den Schauplatz im Osten verlegen.

Trotz dieser bemerkenswerten Tendenzen ist es noch zu früh, den laufenden Friedensprozess als unumkehrbar zu bezeichnen, wie es Musharraf und der indische Premierminister Manmohan Singh mehrfach taten. Denn die in sechs Jahrzehnten Konflikt aufgehäufte Hypothek zwischen Indien und Pakistan ist groß: der Territorialstreit um Kaschmir, der nukleare Rüstungswettlauf mit geschätzt 60 pakistanischen und rund 100 indischen Atomsprengköpfen, die religiösen Gegensätze sowie diverse Wirtschafts- und Ressourcenkonflikte. Letztere werden in Zukunft mit den rasch wachsenden Bevölkerungszahlen beider Länder und mit dem damit einhergehenden steigenden Wasser- und Energiebedarf eher noch zunehmen. Und Kaschmir ist nicht nur der Wasserspeicher für die pakistanische Indusebene, sondern auch für Nordwestindien, der wichtigsten Kornkammer des Landes. Wer Kaschmir kontrolliert, kontrolliert auch diese für beide Seiten lebenswichtige Ressource.

Planspiele um Gas und Pipelines

»Energiehunger« heißt das Stichwort, das derzeit die geostrategischen Gewichte in einem riesigen Raum vom Mittleren Osten über Zentralasien bis hin zu Südasien dramatisch verschiebt. Der rasant wachsende weltweite Energiebedarf bei gleichzeitig knapper werdenden Ressourcen verschärft das Wettrennen der Industrieländer und aufstrebender Nationen wie Indien und China um den Zugriff auf die letzten noch nicht vollkommen erschlossenen Lagerstätten von Öl und Gas. Seit mehr als einer Dekade richten sich deshalb weltweit die begehrlichen Blicke auch auf die Region rund um das Kaspische Meer und die ex-sowjetischen Republiken Zentralasiens, wo vor allem noch riesige Gas-Vorkommen vermutet werden. Im Zentrum des zähen Ringens um den Zugriff auf diese Energiereserven stehen gigantische Pipelineprojekte, deren Realisierung und endgültige Route darüber entscheiden wird, wer am Ende zu den Siegern oder Verlierern dieses Rennens gehören wird. Die Kontrolle über den für die Weltwirtschaft überlebenswichtigen Rohstoff Energie wird zu einem Machtfaktor ersten Ranges. Und dabei gelangen nicht nur Lieferländer, sondern auch die Transitländer dieser Pipeline-Adern in strategische Schlüsselpositionen. Wie man aus dieser Rolle nicht nur wirtschaftliches, sondern auch politisches Kapital schlagen kann, hat Russlands Präsident Putin im Winter 2006/07 in den Auseinandersetzungen mit der Ukraine und Weißrussland um die Erhöhung von Gaspreisen vorgemacht. Der Streit um die russisch-deutsche Ostsee-Pipeline, die wütende Proteste der baltischen Republiken und Polen auslöste, ist ein weiteres Beispiel für die enorme Bedeutung, die Staaten dem Verlauf solcher Routen beimessen.

Pakistan, das in der südöstlichen Peripherie des oben umrissenen Großraumes liegt, spielt eine doppelte Rolle. Einerseits ist das 163-Millionen-Land mit nur geringen eigenen Öl- und Erdgasreserven

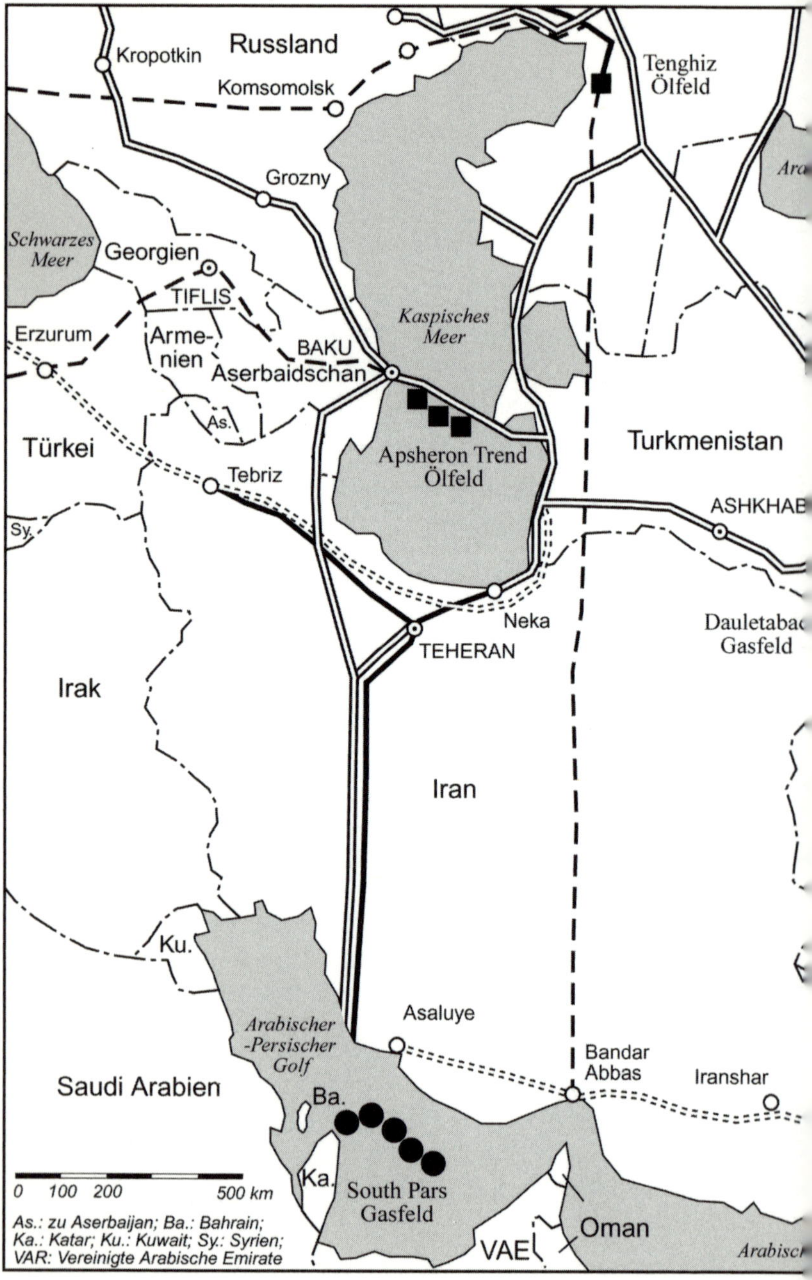
Russland
Kropotkin
Komsomolsk
Tenghiz
Ölfeld
Grozny
Schwarzes
Meer
Georgien
TIFLIS
Erzurum
Arme-
nien
BAKU
Aserbaidschan
Kaspisches
Meer
As.
Türkei
Apsheron Trend
Ölfeld
Turkmenistan
Tebriz
Sy.
Neka
TEHERAN
Dauletabad
Gasfeld
Irak
Iran
Ku.
Asaluye
Arabischer
-Persischer
Golf
Bandar
Abbas
Iranshar
Saudi Arabien
Ba.
Ka.
South Pars
Gasfeld
0 100 200 500 km
As.: zu Aserbaijan; Ba.: Bahrain;
Ka.: Katar; Ku.: Kuwait; Sy.: Syrien;
VAR: Vereinigte Arabische Emirate
VAE
Oman

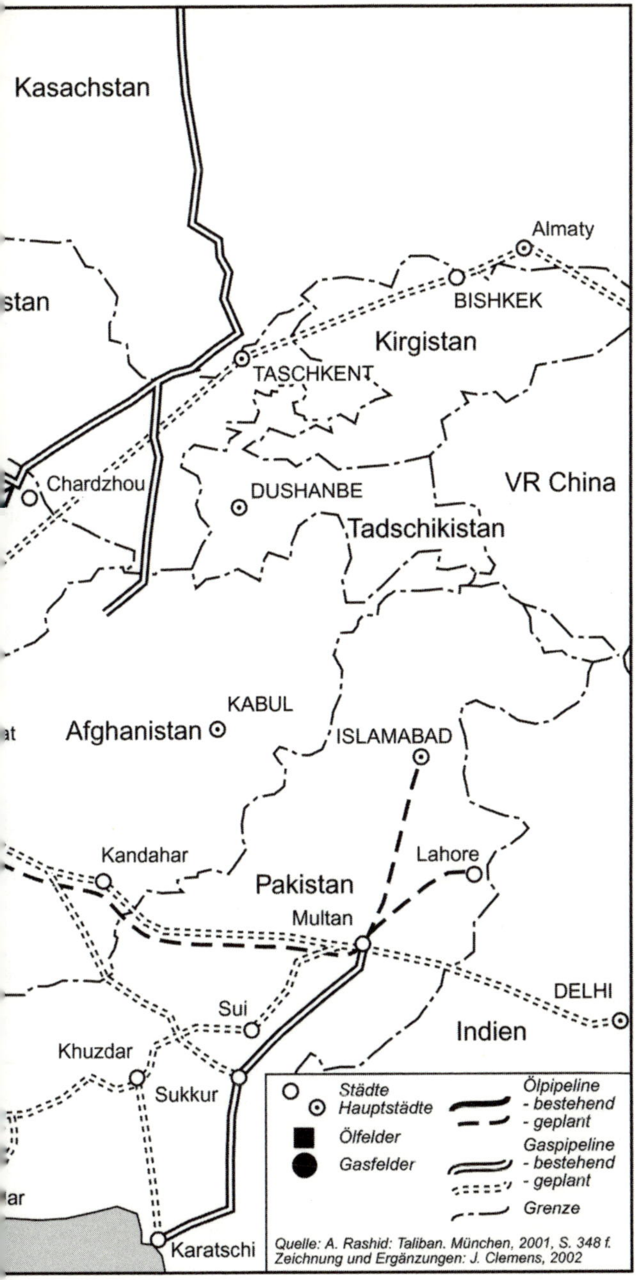

Öl- und Gaspipelineprojekte im Mittleren Osten, Zentral- und Südasien

selbst auf Energieimporte angewiesen, andererseits liegt es wie ein Riegel zwischen Lieferländern wie Iran und Turkmenistan und dem noch wesentlich bedeutenderen Absatzmarkt Indien mit seiner Milliardenbevölkerung. Auch die rohstoffarmen Industrieländer Ostasiens wie Japan und Südkorea hoffen auf Pakistan, wo in Gwadar (Balutschistan), nahe der iranischen Grenze, in den letzten Jahren ein großer Überseehafen mit Gasverflüssigungsanlagen aus dem Boden gestampft wurde. Diese Länder suchen händeringend nach Alternativen zu der sich abzeichnenden Abhängigkeit von China, das mit seinen eigenen Pipeline-Projekten den bisher einzigen direkten Zugang der asiatischen Pazifik-Anrainer zu den zentralasiatischen Gasfeldern in Aussicht stellt. Für andere potentielle Kunden wie die USA böte ein Anschluss Gwadars über eine direkte Pipeline von Pakistan via Afghanistan nach Turkmenistan die Möglichkeit, die gegenwärtige Monopolstellung des ungeliebten Irans, der die einzigen bereits existierenden Pipelineverbindungen zwischen Zentralasien und dem Indischen Ozean kontrolliert, zu verringern.

Kurzum: Auch Pakistan hat hinsichtlich seiner Lage alle Voraussetzungen, um in die Liga der Transitländer aufzusteigen. Der Haken: Den direkten Zugang zu den Lagerstätten Turkmenistans versperrt das bürgerkriegsgeschüttelte Afghanistan, die USA torpedieren wegen der Sanktionspolitik gegenüber Iran die Planungen mit dem westlichen Nachbarn, und die Kooperation mit Indien steht unter dem Vorbehalt der chronischen Dauerrivalitäten. Derweil läuft Afghanistan, Pakistan und Indien die Zeit davon, denn die in den neunziger Jahren während der Herrschaft des Taliban-Regimes schon sehr weit fortgeschrittene Planung einer Trans-Afghanistan-Erdgaspipeline, die von Turkmenistan über Herat und Kandahar (der Hauptstadt der Taliban-Bewegung) nach Pakistan führen sollte, scheint aktuell wegen der prekären Sicherheitslage in weite Ferne gerückt. Dieses Projekt war wegen Berichten über die persönlichen Verbindungen zwischen der daran beteiligten US-

Firma Unocal und US-Präsident Bush weltweit in die Schlagzeilen geraten. Zudem wurde wiederholt publiziert, dass die Planungen dieses Projekts bereits bei der Lancierung der Taliban-Bewegung durch die damalige Bhutto-Administration in Absprache mit den US-amerikanischen Partnern eine nicht unwesentliche Rolle gespielt hätten. Eine der Aufgaben, die den Taliban demnach zufiel, war die Befriedung des damals von zahlreichen Warlords kontrollierten Afghanistan, sodass diese Pipeline hätte gebaut werden können. Da auch nach dem Sturz der Taliban 2002 bereits unterzeichnete Vorverträge zwischen der turkmenischen, der pakistanischen und der neuen afghanischen Regierung nicht in der anvisierten Zeit zu greifbaren Ergebnissen führten (wegen der anhaltenden Kampfhandlungen entlang der geplanten Trasse), ging Aschgabad andere Verpflichtungen ein: Turkmenistan schloss 2003 mit dem russischen Energiekonzern Gazprom einen auf 25 Jahre ausgelegten Vertrag, der ab 2010 die jährliche Lieferung von 100 Milliarden Kubikmeter Gas vorsieht.[8] Diese jährliche Menge umfasst Turkmenistans gesamtes Produktionspotential. Damit erübrigt sich der lange von den USA favorisierte Bau einer leistungsfähigen Pipeline von Turkmenistan nach Osten, die Afghanistan, Pakistan und Indien in eine gemeinsame Pipeline-Infrastruktur eingebunden hätte. Die einzige Option, die zumindest für Pakistan und Indien jetzt noch bleibt, ist die Realisierung der Pipeline-Trasse von Iran über Pakistan nach Indien, den Widerständen aus Washington zum Trotz.

»Friedenspipeline« oder »Mutter aller vertrauensbildenden Maßnahmen« – die Metaphern der pakistanischen und indischen Medien zur geplanten »Iran-Pakistan-Indien-Pipeline« (IPI) verraten schon einiges von den Hoffnungen, die an dieses Megaprojekt geknüpft werden. Geht es nach dem Willen der Initiatoren, schlängelt sich schon in wenigen Jahren die neue Gasader von Irans Südküste am Persischen Golf via Balutschistan, Sindh (Sukkur), Punjab (Multan) in Pakistan bis nach Indien (Delhi) und eventuell noch weiter bis in den Unionsstaat Gujarat. Der zu stemmende technische und finanzielle Aufwand ist gewaltig: Der Bau dieser Superröhre, die nach Aussage der Investoren auf einen Schlag für 200 Jahre die Energieprobleme Pakistans und Indiens lösen würde, soll sich über eine Distanz von 2.700 Kilometern erstrecken und zwischen fünf und sieben Milliarden US-Dollar verschlingen. Und ganz nebenbei – die oben zitierten Kosenamen der örtlichen Medien deuten es an – soll die IPI über die gemeinsame Nutzung einer gemeinsamen Ressource auf einen Schlag das erreichen, was in 60 Jahren nicht gelungen ist: dem Frieden in der Region zum Durchbruch verhelfen. Das Knüpfen gemeinsamer wirtschaftlicher Interessen zwischen Pakistan und Indien über die Pipeline soll den Dauerstreit um Kaschmir allmählich in den Hintergrund treten lassen und schließlich in Wohlgefallen auflösen.

Angeschoben wurde das Projekt bereits Mitte 1995 von einem Zwillingspaar, das in Indien geboren wurde, in Pakistan aufgewachsen ist und heute mit amerikanischer Staatsangehörigkeit in den USA lebt. Die beiden sind Inhaber der privaten Denkfabrik Balusa-Group[9], die sich auf sogenannte »Track-Two-Projekte« (Projekte mit einem doppelten Zweck) spezialisiert hat. Auf einer Konferenz in Singapur mit hochrangigen Teilnehmern aus Pakistan und Indien kam die Idee auf, die guten Erfahrungen Deutschlands und Frankreichs mit wirtschaftlicher Kooperation als Türöffner einer weitergehenden Versöhnung auf Pakistan und Indien zu übertragen. Inzwischen sind die Planungen nach mehreren Unterbrechungen wegen der zwischenzeitlichen Spannungen zwischen den beiden Ländern soweit gediehen, dass jederzeit der Startschuss fallen könnte. Der iranische Botschafter in Pakistan, Masha Allah Shakeri, zeigte sich jedenfalls nach der jüngsten trilateralen Gesprächsrunde mit Regierungsvertretern Indiens und Pakistans in einem Interview mit der pakistanischen Wochenzeitung *The Friday Times*, das in der Ausgabe vom 25. Januar 2008 erschienen ist, sehr optimistisch.

Die Balusa-Gruppe ist als Beratungsfirma Mitglied des Konsortiums, was sich als Glücksfall erwies, denn Firmenmitinhaberin Shirin Tahir-Kheli ist mittlerweile zur Beraterin von US-Außenministerin Condoleezza Rice aufgestiegen. Und wie bereits angedeutet, ist bei einem so sensiblen Projekt ohne den Segen aus Washington wenig auszurichten. Stolperstein bleiben vor allem die innenpolitischen Probleme in Pakistan: Das Musharraf-Regime sucht die Unruhen in Balutschistan, durch die die IPI führen muss, mit Gewalt zu ersticken. Außerdem ist die Regierung nicht erkennbar bereit, auch die lokale Bevölkerung, die zu den ärmsten ganz Pakistans gehört, angemessen an dem zu erwartenden Geldsegen zu beteiligen (die zu erzielenden Transfereinnahmen werden auf bis zu 600 Millionen US-Dollar jährlich geschätzt). Die betroffenen Stämme drohen nun offen damit, das Projekt zu sabotieren. Der Reflex einer armeegeführten Regierung, im eigenen Land Opposition gegen Missstände mit Gewalt zu beantworten, gefährdet nun die Chance zum Frieden mit Indien – und damit die Zukunftschancen Pakistans.

Waffenbruder und Feindbild: Anmerkungen zur Rolle der USA und des Westens

Wer sich in Pakistan aufhält und mit den Menschen über Politik spricht, wird früher oder später mit einer griffigen Formel konfrontiert: »Das Land wird mit der Hilfe von drei A's regiert: Amerika, Armee und Allah.« Und genau in dieser Reihenfolge, darauf legen die Gesprächspartner mit listigem Augenzwinkern großen Wert.

Und tatsächlich sind die Beziehungen zwischen den USA und Pakistan für die Islamische Republik von überragender Bedeutung, da sich jeder Schwenk in der US-Diplomatie unmittelbar auf die pakistanische Innenpolitik auswirkt. Auch in der Vergangenheit haben Pakistans Regierungen – ganz gleich ob armeegeführt oder zivil – stets den Schutz der westlichen Supermacht gesucht, vor allem dann, wenn die Legitimität des eigenen Regiments zu wünschen übrig ließ. Doch die so erwirkte Wirtschafts- und Militärhilfe aus Washington hat auch Abhängigkeiten geschaffen und ein Patron-Klienten-Verhältnis etabliert, das frappierend an die Verhaltensmuster der pakistanischen Landlords gegenüber den Landarbeitern erinnert – nur unter umgekehrten Vorzeichen. Und so ist Pakistans Machtelite gezwungen, zwischen den oft gegensätzlichen Erwartungen in den USA und im eigenen Land zu lavieren. Die von Washington erwünschte Leistung für das gewährte Wohlwollen: Islamabad hat auch in heiklen Fragen das zu liefern, was die strategischen US-Interessen fordern.

Die ersten Anfänge dieser Bande wurden bereits kurz nach der Staatsgründung geknüpft. Doch es sollte noch bis in die sechziger Jahre hinein dauern, bis gemeinsame Interessen in der Region die Voraussetzung zum Schmieden einer dauerhaften militärisch-strategischen Achse schufen. Vorausgegangen war 1954 der Beitritt Pakistans zum pro-amerikanischen Bagdad-Pakt und zum südostasiatischen Verteidigungsbündnis SEATO[10], im Kalten Krieg eine Art verlängerter Arm der NATO in Asien. Nach dem Bhutto-Intermezzo, das Pakistan in den siebziger Jahren für fast eine Dekade ins Lager der Blockfreien Staaten führte, etablierte sich in den achtziger Jahren zwischen beiden Seiten eine enge Waffenbruderschaft, die im erfolgreichen Kampf gegen die in Richtung Indischen Ozean expandierende Sowjetunion der Roten Armee in Afghanistan eine empfindliche Niederlage beibrachte und den Untergang des sowjetischen Imperiums einleitete.

Das jüngste Kapitel in der Geschichte der militärstrategischen Kooperation mit Islamabad schlug Washington nach dem

11. September 2001 auf, als es das an der östlichen und westlichen Flanke Afghanistans gelegene Pakistan zwang, zum Partner im Krieg gegen den Terror zu werden. Musharraf schreibt in seinen Memoiren[11], die Bush-Administration habe seiner Regierung gedroht, »Pakistan in die Steinzeit zu bomben«, wenn man nicht zur Zusammenarbeit bereit sei.

Trotz dieses Paukenschlags zu Beginn gestaltete sich die Zusammenarbeit in der Folge durchaus für beide Seiten fruchtbar – und dies nicht nur, weil Furcht den pakistanischen Partner bei der Stange hielt. Musharraf erkannte rasch die sich bietende Chance, sich in der Region noch vor dem Rivalen Indien in eine privilegierte Schlüsselposition manövrieren zu können. Bushs und Musharrafs Deal: Pakistan würde im Revier seiner Grenzgebiete zu Afghanistan auf Al-Qaida- und Terroristen-Jagd gehen; dafür würde Bush seinen pakistanischen Amtskollegen bei seinen Kabalen gewähren lassen. Auf den Punkt gebracht: Al Qaida & Co. wurde zur Geschäftsgrundlage der neuen Patron-Klienten-Beziehung zwischen der Bush-Administration und dem Musharraf-Regime. Und weil man in Islamabad offenbar den Eindruck gewann, dass Washington nur so lange an dieser für Pakistan so wichtigen Beziehung festhalten werde, wie vom Partner noch Beiträge zum Krieg gegen den Terror zu erwarten seien, beschränkte man sich auf den Fang und die Auslieferung von Terrorkadern im Quartalsrhythmus. Und auch mancher US-Politiker auf Stippvisite wurde bei seinem Pakistan-Besuch mit einem gefangenen Taliban-Führer als Gastgeschenk erfreut.

Doch trotz artigem Schulterklopfen in der Öffentlichkeit regten sich spätestens 2007 in der Politischen Klasse der USA immer häufiger Zweifel an den tatsächlichen Gründen für Pakistans Al-Qaida-Jagd im Schneckentempo. So mancher Think Tank (Denkfabrik) der Regierung publizierte Papiere, die Pakistans Führung Unfähigkeit und sogar Unwillen zum finalen Durchgreifen unterstellten.

Vor allem eine Art Stillhalteabkommen, das der Gouverneur der NWFP zwischenzeitlich mit Stammesführern in den FATA ausgehandelt hatte, wurde von den einflussreichen Sicherheitsberatern der US-Regierung als Freibrief für militante Islamisten kritisiert. Pikantes Detail in diesem Kontext: Als der Unmut gegenüber Musharraf nach dem ersten Anschlag auf Bhutto am 18. Oktober 2007 in Washington hochkochte, wurde genau dieser Gouverneur als Geste der Beschwichtigung an die Adresse der amerikanischen Verbündeten geopfert und durch seinen als Hardliner bekannten Kollegen aus Balutschistan ersetzt[12].

Die pakistanische Seite argumentierte zwar, dass die Armee in den Stammesgebieten mit Bedacht operieren müsse, um Solidarisierungseffekte zwischen der FATA-Bevölkerung und den Paschtunen in der übrigen NWFP zu vermeiden – doch vergeblich. Dies zumindest lässt sich aus den auf diese Aussage folgenden unwilligen öffentlichen Reaktionen von Kongressabgeordneten und US-Senatoren ablesen, die mit dem Pakistan-Dossier befasst sind. Auch der US-Botschafter in Pakistan gab laut einem Bericht der *New York Times* in einer Anhörung vor dem US-Senat zu Protokoll, dass nach seiner Einschätzung Musharraf zwar den Willen, nicht aber die Fähigkeiten habe, die Milizen wirkungsvoll zu bekämpfen.

Die Folge solcher Einschätzungen: Allmählich scheint sich in Washington – verstärkt durch den Schock, den die Ermordung Bhuttos ausgelöst hat – die Bereitschaft zu vergrößern, mit eigenen Truppen in den Konflikt in der NWFP und eventuell auch in Teilen Balutschistans zu intervenieren. So erklärte US-Verteidigungsminister Robert Gates laut Medienberichten am 24. Januar 2008 im Rahmen einer Pressekonferenz, dass die Vereinigten Staaten »bereit, willens und fähig« seien, Pakistan an der Seite der pakistanischen Streitkräfte zu assistieren, wenn man gegen Al Qaida vorgehe. Der Musharraf-Regierung nahestehende Experten betrachten ein mögliches Eingreifen der USA und eventuell auch von NATO-

Einheiten in Pakistan als politische Bombe, die umgehend das gesamte derzeitige Regime destabilisieren und die Loyalität der Armee gegenüber Musharraf untergraben könne, da das Offizierkorps ihm ein Einknicken gegenüber den USA in dieser Schlüsselfrage nicht verzeihen würde. Allerdings ist es fraglich, ob es für Zweifel in der Armeeführung an der Souveränität Musharrafs überhaupt noch eines äußeren Anstoßes bedarf. Angefangen mit den Auseinandersetzungen um den Vorsitzenden des Obersten Gerichtshofs über das harte Durchgreifen gegenüber der Zivilgesellschaft und der Knebelung der Medien bis hin zu dem desaströsen Krisenmanagement nach der Ermordung Bhuttos hat Musharraf selbst entscheidend dazu beigetragen, dass nicht nur in Pakistan der Eindruck entstand, Musharraf sei nicht mehr Herr der Lage. Für die Bush-Administration bedeutet das mitten im US-Wahlkampf ein Dilemma. Die Optionen: Musharraf fallen lassen oder ihn zum einzig glaubwürdigen Garanten der Stabilität in Pakistan und in der ganzen Region aufbauen. Ein weiteres Problem des Weißen Hauses: Der inzwischen von den Demokraten dominierte US-Kongress erhöht in Sachen Terrorbekämpfung und Pakistanpolitik den Druck auf die Regierung. So hat 2007 das Repräsentantenhaus ein Gesetz verabschiedet, das den US-Präsidenten dazu verpflichtet, sicherzustellen, dass Pakistan auf dem gesamten zum Staatsgebiet gehörenden Territorium – also auch in den FATA – die Aktivitäten der Taliban unterbindet. Bis dahin ist jegliche Militärhilfe an Pakistan eingefroren.

Die in dieser Situation scheinbar einfachste Lösung, Musharraf einfach fallen zu lassen, hat jedoch für die US-Strategie auch einige Tücken, denn er könnte im Gegenzug durchaus zu einem gefährlichen Gegenspieler werden, der in dieser Rolle wiederum auf Unterstützung von den starken anti-amerikanischen Strömungen im eigenen Land rechnen könnte. Außerdem will Washington mit Blick auf das pakistanische Atomwaffenarsenal unbedingt vermeiden, dass durch unkontrollierbare Veränderungen in Pakistan der direkte Kommunikationsdraht zum Oberkommando der pakistanischen Armee abreißt. Diese Gemengelage der Interessen erklärt, warum Washington oft vermeidet, selbst bei krassen Verstößen gegen Menschenrechte und demokratische Werte massiven Druck auf Musharraf und seine Militärführung auszuüben.

Dennoch ist trotz aller Zurückhaltung und Vorsicht abzusehen, dass für die amerikanisch-pakistanische Zweckgemeinschaft die Stunde der Wahrheit naht. Auch die Regierung in Afghanistan – ein anderer »Klient« der US-Regierung in der Region von strategischer Bedeutung – fordert immer lauter von Washington, etwas gegen die »pakistanische Unterstützung der Taliban« zu unternehmen. Gleichzeitig wird immer offensichtlicher, dass die Entwicklungen in Afghanistan Pakistan in Sorge versetzen. Die Angst vor einer wachsenden Präsenz Indiens auch im westlichen Nachbarland oder gar vor einem mit Indien verbündeten Afghanistan wird von den USA nicht ernst genommen. Sollte sich ein solches Szenario abzeichnen, würde die pakistanische Armee aufgrund der historisch bedingten Reflexe kaum zögern, mit allen verfügbaren Akteuren zusammenzuarbeiten, die helfen könnten, den Einfluss Indiens in Afghanistan zu begrenzen. Es ist kaum vorstellbar, dass die pakistanische Militärführung zulassen würde, dass das im Konflikt mit Indien benötigte afghanische Sanktuarium als Einfluss- und Rückzugsraum auf Dauer verloren ginge.

Eine solche Handlungsdoktrin dürfte jedoch kaum geeignet sein, die Bedenken der USA im Hinblick auf die Zuverlässigkeit ihres pakistanischen Partners im Krieg gegen den Terror zu zerstreuen. Ein vollständiger Abbruch der Beziehungen zwischen der US-Regierung und der pakistanischen Militärführung steht dennoch eher nicht auf der Agenda, solange die Terroristen-Jagd auf Sparflamme wie bisher wenigstens von Zeit zu Zeit vorzeigbare Ergebnisse bringt. Auch wenn Musharraf selbst geopfert werden sollte – Washingtons direkter Draht zum pakistanischen Hauptquartier bleibt intakt, damit in Pakistan auch in Zukunft die gewohnte Rangfolge der drei A's gewahrt bleibt: Amerika, Armee und Allah.

Aufbruch oder Untergang – Anmerkungen zu Pakistans Zukunftsperspektiven

Die Analysen der verschiedenen Facetten Pakistans haben gezeigt, wie vielschichtig und komplex dieses Land, die in ihm vereinigten Kulturen und seine 163 Millionen Bewohner sind. Vor dem Hintergrund einer Geschichte, die reich an Dramen, Kriegen und Katastrophen ist, belastet mit dem Handicap einer geographischen Lage in einer der unruhigsten Konfliktzonen der Welt, ist es eine enorme Leistung, dass dieses Land allen Widerständen zum Trotz überlebt hat. Gerade in den schlimmsten Krisen brachte Pakistan immer wieder charismatische Führungspersönlichkeiten hervor, die es schafften, den Menschen die Hoffnung auf eine bessere Zukunft zurückzugeben. Ein höchst lebendiges Bürgertum, das nie nachließ, mutig und oft unter Einsatz der persönlichen Freiheit und des eigenen Lebens gegen Unterdrückung, Unrecht und Intoleranz sowie für Demokratie, Menschenrechte und Meinungsfreiheit zu kämpfen, tat ein Übriges, dass die Kraft zum Neuanfang nie verloren ging.

Außerdem ist Pakistan als Atommacht zu einem ernstzunehmenden Faktor in der internationalen Politik aufgestiegen, der aber im Rahmen seiner Möglichkeiten der damit einhergehenden Verantwortung gerecht wird. So war Pakistan schon sechsmal gewähltes Mitglied des UN-Sicherheitsrates, zuletzt 2003–2004 zusammen mit Deutschland[13]. Nur drei Ländern unter den 192 UN-Mitgliedsstaaten wurde diese Ehre häufiger zuteil. Pakistan stellt den Vereinten Nationen für UN-Missionen in den weltweiten Krisengebieten die meisten UN-Blauhelme zur Verfügung – zurzeit 10.610 Soldaten[14].

Das deutlich gesteigerte Medieninteresse an einem Land, das vor 15 Jahren noch kaum beachtet wurde, ist ein Zeichen dafür, dass Pakistan an Bedeutung gewonnen hat – auch wenn es zumindest in Deutschland immer noch an einer differenzierten und ausgewogenen Berichterstattung, die auch die Ursachen für die Probleme und Konflikte erklärt, mangelt. Der Blick nach Großbritannien und Frankreich, wo die Pakistan-Berichterstattung der Qualitätspresse traditionell mehr Raum einnimmt als in den deutschen Medien, zeigt, dass dies durchaus möglich ist. *Le Monde*, das Flaggschiff unter den französischen Tageszeitungen, ist beispielsweise mit einer eigenen Korrespondentin in Islamabad vertreten – und dies nicht erst seit dem Ausbruch der aktuellen Krise.

Deutlich wurde auch, dass Pakistan mit seinem Taliban- und Terrorismusproblem nicht so sehr eine Gefahr für andere Staaten darstellt – schon gar nicht für die westliche Welt –, sondern eher selbst ein Opfer der immer wieder eskalierenden Gewalt und der zahlreichen internen Spannungen und Konflikte ist. Dass Phänomene wie die Kalaschnikow-Kultur und Drogenwirtschaft nicht hausgemacht, sondern Spätfolgen eines verlustreichen Stellvertreter-Krieges des Westens in Afghanistan sind, in dem Pakistan neben den Afghanen selbst die Hauptlast getragen hat, wurde ebenfalls ersichtlich. So gesehen haben auch wir eine historische Verantwortung, die Voraussetzungen dafür zu schaffen, dass Pakistan die Chance erhält, seine internen Probleme ohne zusätzliche Belastungen von außen zu lösen. Ohne die Bereitschaft dieses Landes, die Lasten des Afghanistan-Krieges in den achtziger Jahren mitzutragen, wären die Umwälzungen in der Sowjetunion, das Ende des Kalten Krieges und die Wiedervereinigung Europas wohl kaum möglich gewesen.

Es ist an der Zeit, oberflächliche und oft auch falsche Feindbilder beiseite zu drängen und den tatsächlichen Ursachen für Phänomene wie die Taliban auf den Grund zu gehen. Sichtbar werden dann Eliten, in autoritär regierten Staaten wie Pakistan in der Regel die Ansprechpartner für westliche Regierungen, Diplomaten oder multilaterale Organisationen, denen es aufgrund ihrer Denkweise und ihres Verhaltens gegenüber der eigenen Bevölkerung nicht gelingt, die berechtigten Interessen und Forderungen breiter Mehrheiten zu bedienen. Die Folge ist, dass sich die Menschen mehr und mehr vom Staat und seinen Institutionen abwenden, des ewigen Schauspiels manipulierter Wahlen müde, und nach Alternativen suchen. Fündig werden sie oft bei religiösen Einrichtungen, die durch Basisbildung und karitative Arbeit für die Schwachen der Gesellschaft überzeugen, oder bei separatistischen und nationalistischen Bewegungen, die in Rückbesinnung auf das kulturelle und historische Erbe der diversen Regionen das Heil in der Gründung eines eigenen, homogeneren Nationalstaates suchen – so wie es Ostpakistan/Bangladesch einst gelungen ist.

Die Armee – auch dies zeigte sich deutlich – ist nicht etwa Garant für die Stabilität und Einheit Pakistans. Ganz im Gegenteil: Die Unfähigkeit zum Kompromiss und zum Ausgleich sowie die mangelnde Fähigkeit, die ganze Gesellschaft in ihrer tatsächlichen Bandbreite in die Gestaltung des pakistanischen Staates mit einzubinden, provoziert Widerstände. Kommt es zu gewalttätigen Ausbrüchen, werden diese anschließend von der Armee zu bekämpfen versucht. Da zudem die exklusive und auf Expansion ausgerichtete Machtposition der Militärführung und der sie stützenden Machteliten genau die Reformen und Entwicklungsmaßnahmen aktiv verhindert, die konfliktmindernd wirken würden, gehört auch die Zusammenarbeit des Westens auf den Prüfstand. Nur über einen Stopp von Waffenlieferungen und auch von Finanzhilfen, die nicht zuverlässig dort ankommen, wo sie gebraucht werden, ließe sich die Armee in eine richtige Richtung bewegen. Diese Richtung heißt: Aufbau einer parlamentarischen Demokratie, deren legitime Repräsentanten auch in der Außen- und Verteidigungspolitik die Richtlinienkompetenz erhalten. Nur diese Staatsform kann es bei allen Schwächen schaffen, in einem so vielfältigen Land wie Pakistan den zahlreichen Interessengruppen eine Bühne und Plattform zu geben und für den notwendigen Ausgleich zu sorgen. Da im Falle des Vielvölkerstaates Pakistan eine nationale Ideologie als verbindender emotionaler Kitt nicht in Frage kommt, muss auch im Westen akzeptiert werden, dass diese Aufgabe nur über die Rückbesinnung auf die gemeinsame islamische Kultur und ihre Werte gelingen kann. Dies ist zumindest die einzige zur Verfügung stehende Klammer, die für diese Aufgabe stark genug ist – auch das müsste im Westen verstanden werden. Denn wer im Westen für Pakistan eine Demokratie ohne Islam fordert, fördert faktisch dessen Zerfall. Und da der Islam in Pakistan so vielfältig ist wie kaum anderswo und die Fähigkeit zum Kompromiss auch für Religionsführer mit politischem Ehrgeiz zum Rüstzeug gehört, stehen die Chancen nicht schlecht, dass eine Demokratie mit Islam durchaus funktioniert. Die etablierten religiösen Parteien Pakistans haben zumindest in der Vergangenheit mehrfach gezeigt, dass sie durchaus in der Lage sind, sich in ein parlamentarisches System einzufügen. Die Existenz einer Demokratie ist auch für die islamischen Parteien angesichts des stets drohenden Hegemonialstrebens der Armee eine Voraussetzung für das eigene Überleben – keine schlechte Ausgangsbasis für einen Grundkonsens mit den bürgerlichen Parteien und das Funktionieren einer parlamentarischen Demokratie. Auch diplomatische Schützenhilfe und möglicherweise finanzielle Unterstützung für ein Projekt wie die IPI würden Deutschland und Europa mit seinen eigenen positiven Erfahrungen auf diesem Gebiet gut zu Gesichte stehen.

Wir sollten es nicht vergessen: Sollte die Türkei eines Tages Mitglied der EU werden, wäre der Iran als einer der Partner dieses Projektes unser direkter Nachbar. Positive Beiträge zum Frieden in dieser Region sollten schon im wohlverstandenen Eigeninteresse kein Luxus sein.

Einer der wichtigsten Wege dorthin führt auch über Pakistan.

1 Thomas Bärthlein: »Pakistan im Chaos« – Die deutschen Medien vermitteln ein völlig verzerrtes Pakistanbild. In: SÜDASIEN 4/03

2 Unter Sunnah versteht man die im Laufe der Zeit von allgemein anerkannten religiösen Autoritäten zu rechtlich verbindlichen Präzedenzfällen erklärten Aussagen und Handlungen des Propheten Mohammed.

3 Ayesha Siddiqa: Military Inc., Inside Pakistan's Military Economy, London 2007

4 Abdurrahman Siddiqi: The Military in Pakistan, Image and Reality, Lahore 1996

5 Nach jüngsten Erhebungen kontrollieren fünf Prozent der agrarischen Haushalte 64 Prozent der gesamten landwirtschaftlichen Flächen Pakistans.

6 Wer seine einfache Arbeitskraft anzubieten hat, geht als Taxifahrer oder Bauarbeiter in die Golfstaaten, die Gebildeten zieht es in die Industrieländer. In manchen Jahren sollen bis zu 100.000 Akademiker Pakistan verlassen haben.

7 Die Geberländer sind die DAC-Länder (DAC=Development Assistance Committee). Der Ausschuss der in der OECD zusammengeschlossenen Industrieländer stellt die Finanzmittel für bilaterale und auch mulitilaterale Entwicklungszusammenarbeit zur Verfügung. Man nennt diese Gruppe auch »Paris Club« nach dem Tagungsort der jährlichen Sitzungen. Zurzeit zählen dazu 22 Länder.

8 Vgl. Roland Götz: Russlands Energiestrategie und die Energieversorgung Europas, S. 13, Berlin 2004

9 Balusa ist der Name zweier benachbarter punjabischer Dörfer, die heute durch die indisch-pakistanische Grenze getrennt sind. Balusa bedeutet »Frieden«.

10 South East Asia Treaty Organization = Südostasiatischer Sicherheitsvertrag

11 Pervez Musharraf: In the Line of Fire: A Memoir, New York 2006

12 Den Gouverneuren untersteht in den Provinzen Balutschistan und NWFP, in beiden Fällen Generäle im Ruhestand, der Oberbefehl über paramilitärische Einheiten, die in den Stammesgebieten zum Einsatz kommen.

13 Zum Vergleich: Die Bundesrepublik Deutschland und die DDR waren zusammengenommen bisher fünfmal nichtständige Mitglieder dieses höchsten Gremiums der Vereinten Nationen.

14 Zum Vergleich: Deutschland stellt laut aktueller Statistik 1.119 UN-Soldaten und liegt damit auf dem 19. Rang, die USA stellen derzeit 316 Soldaten und landen damit auf dem 42. Platz.

Anhang

Zeittafel

Unabhängigkeit und erste demokratische Versuche 1947 – 1958

1947 14. August: Pakistan wird als einer der beiden Nachfolgestaaten Britisch-Indiens unabhängig. Der Führer der *All India Muslim League*, Muhammad Ali Jinnah, wird erster Generalgouverneur und Liaqat Ali Khan Premierminister. Der britische König bleibt formal Staatsoberhaupt (bis 1956). Sieben Millionen urdusprachige Muslime (*Mohajir*) fliehen aus Indien nach Pakistan. Ebenso viele Hindus und Sikhs müssen Pakistan verlassen. Massaker an den Flüchtlingen im Punjab mit mindestens 250.000 Toten.
Oktober: Erster indisch-pakistanischer Krieg um Kaschmir.

1948 Kaschmir-Konflikt vor der UNO. Verabschiedung von zwei UN-Resolutionen.
11. September: Tod von Jinnah. Nachfolger: Khwaja Nazimuddin.

1949 **1. Januar:** Waffenstillstand und Ziehung einer Kontrolllinie in Kaschmir.

1951 Premierminister Liaqat Ali Khan wird ermordet. Nachfolger: Ghulam Mohammed. Der Verlust der beiden Staatsgründer zu diesem frühen Zeitpunkt erschwert die innenpolitische und wirtschaftliche Stabilisierung.

1953 Unruhen im Punjab. Pogrome gegen die muslimische *Ahmadiyya*-Glaubensgemeinschaft werden von der Armee niedergeschlagen. Die bis in die Gegenwart diskriminierend verfolgte religiöse Minderheit wird 1974 per Gesetz zu Nichtmuslimen erklärt.

1954 Beitritt zum pro-amerikanischen Bagdad-Pakt, später CENTO (*Central Treaty Organization*), und zum südostasiatischen Militärbündnis SEATO.

1955 **August:** Ghulam Mohammed stirbt. Nachfolger: Iskander Mirza.
Oktober: *One Unit Act*. Die vier westpakistanischen Provinzen Punjab, Sindh, Balutschistan und NWFP sowie alle Fürstenstaaten mit Ausnahme von Chitral, Dir, Swat, Nagar und Hunza werden zu einer Einheitsprovinz zusammengeschlossen. Erster 5-Jahres-Plan wird verabschiedet.

1956 **23. März**: Erste Verfassung wird verabschiedet (heute Nationalfeiertag; vgl. 1940). Offizieller Staatsname: Islamische Republik Pakistan. Iskander Mirza wird in das neu geschaffene Amt des Präsidenten gewählt.

Erste Diktatur: General Ayub Khan (1958 – 1969)

1958 **27. Oktober**: Militärputsch durch General Ayub Khan, der das Präsidentenamt übernimmt. Vorgänger Iskander Mirza, der schon die Verfassung außer Kraft gesetzt hatte, muss das Land verlassen. Einführung einer gelenkten Demokratie, die die Artikulation des politischen Willens stark einschränkt: Die unmittelbare Demokratie und das allgemeine Wahlrecht werden durch eine mittelbare Demokratie mit einem indirekten Wahlsystem ersetzt.

1959 Islamabad soll Hauptstadt werden (bisher Karatschi). Während des Baus wird Rawalpindi provisorische Hauptstadt. 1965 zieht die Regierung in die neue Kapitale um.

1960 Indus-Wasservertrag mit Indien.

1962 **März:** Ayub Khan verkündet eine neue Verfassung, die ein autokratisches Präsidialsystem etabliert und auf großen politischen Widerstand stößt. Zudem organisieren sich in den ehemaligen Provinzen autonomistische Bewegungen wie die »Rothemden«, *Vror Pakhtun* und *Frontier Awami League*.

August: Grenzabkommen mit China.

1963 **Januar**: Zulfikar Ali Bhutto wird Außenminister.

1964 RCD-Pakt zwischen Türkei, Iran und Pakistan (*Regional Cooperation for Development*).

1965 **Januar**: Ayub Khan wird bei Präsidentschaftswahlen im Amt bestätigt.

September: Zweiter indisch-pakistanischer Krieg um Kaschmir.

1966 Deklaration von Taschkent zur Beilegung des Kaschmirkonfliktes. Es wird ein beiderseitiger Truppenabzug hinter die international anerkannten Grenzen und die kaschmirische Waffenstillstandslinie von 1949 vereinbart.

Juni: Zulfikar Ali Bhutto überwirft sich mit Ayub Khan und tritt zurück.

1967 **Dezember**: Bhutto gründet die *Pakistan Peoples Party* (PPP) und organisiert eine außerparlamentarische Massenbewegung gegen die Militärregierung.

Zweite Diktatur: General Yahya Khan (1969 – 1971)

1969 **März**: Ayub Khan wird nach anhaltenden Unruhen zum Rücktritt gezwungen; General Yahya Khan übernimmt die Macht, verhängt Kriegsrecht und schafft die von seinem Vorgänger erlassene Verfassung ab.

1970 **Juli:** One Unit Act wird aufgehoben: Die vier Provinzen in Westpakistan werden wieder errichtet und die Fürstenstaaten Swat und Dir aufgelöst; fünfte Provinz ist Ostpakistan.

November: Schwerste Sturmflutkatastrophe der Geschichte in Ostpakistan fordert eine Million Tote. Die von westpakistanischen Punjabis dominierte Verwaltung und Armee versagen, was zu einem Volksaufstand führt.

Dezember: Erste allgemeine und direkte Wahlen: Die für Autonomie Ostpakistans kämpfende *Awami* (=Volk) *League* von Mujibur Rahman gewinnt fast alle Sitze in Ostpakistan und damit die absolute Mehrheit in der Nationalversammlung (160 von 300 Sitzen). Die PPP wird mit 81 Sitzen zweitstärkste Kraft. Das Recht auf Bildung der Zentralregierung wird der *Awami League* verweigert.

Die Teilung Pakistans (1971)

1971 **März**: Die *Awami League* proklamiert die Unabhängigkeit Bangladeschs, was einen blutigen Bürgerkrieg mit Massakern der Armee an der Zivilbevölkerung auslöst.

Dezember: Die indische Armee greift zugunsten Bangladeschs in die Kämpfe ein und löst den dritten indisch-pakistanischen Krieg aus. Nach der pakistanischen Kapitulation und Teilung existiert Pakistan nur noch auf dem Gebiet des bisherigen Westpakistans weiter. Yahya Khan tritt nach wütenden Protesten der Öffentlichkeit zurück und setzt Bhutto ohne Konsultation der Nationalversammlung zum Präsidenten mit Kriegsrecht-Vollmacht ein.

Die Regierung des Zulfikar Ali Bhutto (1971 – 1977)

1971 Yahya Khan tritt zugunsten Zulfikar Ali Bhuttos zurück.

1972 **Januar**: Austritt aus dem Commonwealth und der SEATO aus Protest gegen die Politik der westlichen und asiatischen Verbündeten während der Ostpakistan-Krise. Bhutto beginnt mit der Verstaatlichung von Banken, Versicherungen und Großindustrie. Das Wirtschaftswachstum verlangsamt sich dadurch.

April: Das Kriegsrecht wird aufgehoben, es gilt eine provisorische Verfassung; der Ausnahmezustand bleibt aber bestehen.

Juli: Unterzeichnung des Simla-Abkommens mit Indien zur Entschärfung des Kaschmirkonfliktes. Die Waffenstillstandslinie von 1949 wird als *Line of Actual Control* die defacto-Grenze in dem umstrittenen Gebiet. Indien räumt 13.000 Quadratkilometer besetztes Territorium.

November: Das Atomkraftwerk bei Karatschi geht ans Netz.

1973 **14. August**: Die heute geltende Verfassung wird verabschiedet. Pakistan wird Bundesstaat: Die Provinzen haben eigene gewählte Parlamente und Regierungen. Neuer Präsident: Fazal Elahi; Zulfikar Ali Bhutto übernimmt die Ämter des Premier-, Außen- und Finanzministers. Der Ausnahmezustand bleibt bestehen. Tausende der politischen Widersacher Bhuttos verschwinden in den Jahren bis zum Machtwechsel im Gefängnis. Die oppositionellen Provinzregierungen in der NWFP und in Balutschistan werden abgesetzt. Die Bundesregierung übernimmt die Verwaltung.

1974 **April**: Indien lässt 93.000 pakistanische Kriegsgefangene frei; Pakistan erkennt Bangladesch an. Die letzten Fürstenstaaten Nagar und Hunza werden aufgelöst und der direkten Verwaltung durch die Bundesregierung unterstellt. Der Tarbela-Damm (Indus) mit dem größten Wasserkraftwerk der Welt wird eingeweiht.

1976 Bhutto ernennt Zia-ul Haq zum *Chief of the Army Staff* (COAS).

Dritte Diktatur: General Zia-ul Haq (1977 – 1988)

1977 **März**: Parlamentswahlen: Die PPP gewinnt mit überwältigender Mehrheit (155 von 200 Sitzen) gegen das Neun-Parteien-Bündnis PNA. Der offensichtliche Wahlbetrug löst gewalttätige Unruhen mit mehreren hundert Toten aus.

Juli: Armeechef General Zia-ul Haq übernimmt die Macht und verhängt Kriegsrecht: Bundes- und Provinzregierungen werden abgesetzt, Nationalversammlung, Provinzparlamente und Senat aufgelöst. Politische Aktivitäten und Parteien werden verboten. Bhutto und weitere Führer der gestürzten Regierung werden verhaftet. Beginn einer autokratischen Militärdiktatur, die systematisch die Islamisierung von Staat, Wirtschaft und Gesellschaft fördert.

1978 **März**: Bhutto wird vom *Lahore High Court* zum Tode verurteilt.

September: Zia-ul Haq übernimmt das Amt des Präsidenten.

Oktober: Zia-ul Haq sagt angekündigte Parlamentswahlen kurzfristig ab.

1979 **Februar**: *Hudood-Ordinances*: teilweise Einführung eines drakonischen islamischen Strafrechts.

April: Bhutto wird hingerichtet.

Oktober: Zia ul Haq sagt erneut angekündigte Wahlen kurzfristig ab; Prof. Abdus Salam erhält als erster Pakistani den Nobelpreis (Physik).

November: US-Botschaft in Islamabad wird von Studenten zerstört.

Dezember: Sowjetische Truppen marschieren in Afghanistan ein.

1980 Drei Millionen Menschen fliehen vor dem Krieg in Afghanistan nach Pakistan. Bei Peshawar und Quetta entstehen riesige Flüchtlingslager.

1981 Volkszählung: Pakistan hat 83,8 Millionen Einwohner. Die Bevölkerung wuchs damit innerhalb von zehn Jahren um 32 Prozent.

Februar: Gründung der *Movement to Restore Democracy* (MRD).

März: Die PPP-nahe militante Widerstandsorganisation *Al-Zulfikar* (Anführer: Murtaza Bhutto) entführt ein PIA-Flugzeug nach Kabul und presst 55 politische Gefangene frei. Das Zia-Regime reagiert mit Massenverhaftungen von mehr als 6.000 Oppositionellen.

April: Die Verfassung von 1973 wird faktisch suspendiert.

September: Die USA sagen umfangreiche Finanz-, Wirtschafts- und Militärhilfe im Wert von 3,2 Milliarden US-Dollar zu, sowie die Lieferung von 40 F-16-Kampfflugzeugen.

1984 **März**: Altaf Hussain gründet in Karatschi die *Mohajir Qaumi Movement* (MQM) als politische Interessenvertretung der *Mohajir* genannten urdusprachigen muslimischen Einwanderer aus Indien und deren Nachfahren.

April: Indische Truppen besetzen den von Pakistan beanspruchten Siachen-Gletscher, worauf Pakistan mit einer Gegenoffensive reagiert. Der militärische Konflikt um den Besitz des Gletschers hält bis in die Gegenwart an.

Dezember: Referendum über die Islamisierungspolitik Zia-ul Haqs. Das mehrheitlich positive Ergebnis wird als Votum für eine weitere fünfjährige Amtszeit des Diktators als Präsident interpretiert.

1985 **Februar**: Parteilose Parlamentswahlen. Zia-ul Haq ernennt Mohammed Khan Junejo zum Premierminister. Trotz des Boykott-Aufrufs der MRD-Bewegung ist die Wahlbeteiligung beachtlich.

März: Wiederbelebung der geänderten Verfassung von 1973.

Verfassungsergänzungen (*Amendments*) stärken die Machtposition des Präsidenten erheblich: Er darf den Premierminister, das Regierungskabinett und die Chefminister der Provinzen entlassen sowie die Parlamente auflösen.

April: Beginn schwerer und in der Folge immer wieder aufflammender Unruhen und Massaker zwischen fast allen ethnischen Gruppen in Karatschi. In den folgenden zehn Jahren kommen über 6.500 Menschen bei diesen Konflikten ums Leben.

Dezember: Der seit 1965 geltende Ausnahmezustand wird aufgehoben. Politische Parteien dürfen unter Auflagen ihre Arbeit wieder aufnehmen. Dadurch wird die neugegründete *Pakistan Muslim League* (PML) von Premier Junejo Regierungspartei.

1986 Während des sowjetisch-afghanischen Krieges wird Pakistan zum antisowjetischen Frontstaat. Die USA sagen vier Milliarden US-Dollar Finanz- und Entwicklungshilfe zu. Knapp die Hälfte dieser Mittel wird zum Kauf von F-16-Kampfflugzeugen und weiterer Hightech-Waffen verwendet. Im Gegenzug erlaubt Pakistan amerikanische Waffenlieferungen an die afghanischen Rebellen.

April: Triumphale Rückkehr Benazir Bhuttos aus dem Londoner Exil, in das sie nach der Hinrichtung ihres Vaters gegangen war.

Dezember: In Karatschi richten einige hundert bewaffnete Paschtunen – geduldet von der Polizei – in einem Mohajir-Wohnviertel mit 49 Toten und mehreren hundert Verletzten ein Massaker an, was endgültig den bis in die Gegenwart anhaltenden blutigen Konflikt zwischen verschiedenen ethnischen Gruppen auslöst. Bundes- und Provinzregierungen sowie Polizei und Armee konnten bislang wenig gegen die phasenweise bürgerkriegsähnlichen Auseinandersetzungen ausrichten. Insgesamt sterben dabei bis Ende 1997 mehr als 6.500 Menschen.

1988 **April:** Die Explosion eines Munitionsdepots richtet in Rawalpindi und Islamabad große Verwüstungen an. Mindestens 103 Menschen sterben.

Mai: Präsident Zia-ul Haq entlässt die Junejo-Regierung wegen Vernachlässigung der Islamisierungspolitik und aufgrund von Meinungsverschiedenheiten in der Afghanistanpolitik.

Juni: Ein Präsidenten-Dekret erklärt das islamische Recht der Scharia zum obersten Gesetz.

Juli: Zia-ul Haq kündigt für November parteilose Parlamentswahlen an.

17. August: Zia-ul Haq kommt bei einem mysteriösen Flugzeugabsturz ums Leben. Unter den 30 Toten befinden sich auch die Führungsspitze der Armee und der amerikanische Botschafter. Der Senatsvorsitzende Ghulam Ishaq Khan übernimmt das Präsidentenamt und bestätigt die angekündigten Wahlen.

September: Unbekannte Heckenschützen richten in Hyderabad ein Blutbad mit 120 Toten an.

Oktober: Als Reaktion auf das Massaker von Hyderabad kommt es in weiten Teilen der Provinz Sindh zu gewalttätigen Zusammenstößen zwischen Angehörigen der verschiedenen Ethnien. Allein in Karatschi werden dabei am 1. Oktober 1978 Menschen getötet.

Benazir Bhutto und Nawaz Sharif (1988 – 1999)

1988 **16. November**: Parlamentswahlen: Die PPP von Benazir Bhutto gewinnt mit 93 von 217 Sitzen. Zweite Kraft ist das von der PML angeführte konservative Neun-Parteien-Bündnis *Islami Jamhoori Ittehad* (IJI). Dritte Kraft: *Mohajir Qaumi Movement,* die Nationale Bewegung der Mohajir (MQM) unter Altaf Hussain.

19. November: Wahlen zu den Provinzparlamenten: Die PPP kann nur im Sindh und in der NWFP die Regierungen stellen. Im Punjab gewinnt die IJI. Nawaz Sharif übernimmt in dieser Schlüsselprovinz den Posten des Chefministers der Provinz.

Dezember: Benazir Bhutto wird Premierministerin. Ghulam Ishaq Khan wird zum Staatsoberhaupt gewählt. Zum Jahresende Unterzeichnung eines pakistanisch-indischen Abkommens zum beiderseitigen Verzicht auf militärische Schläge gegen Nuklearanlagen.

1989 Die parlamentarischen Initiativen Bhuttos, einen Teil der von General Zia verfügten Verfassungsergänzungen (*8th Amendment*) aufzuheben, scheitern. Außerdem kommen die fragilen Regierungskoalitionen in den Provinzen schnell unter Druck. Im Sindh **(April)** und in der NWFP **(Mai)** platzen die PPP-geführten Regierungskoalitionen. In der Nationalversammlung wechseln vier Parteien mit zusammen 26 Abgeordneten vom Regierungs- ins Oppositionslager.

Februar: Die Armee testet erfolgreich die von Pakistan selbst entwickelten Mittelstreckenraketen *Hatf I* und *Hatf II*.

Oktober: Wiederbeitritt in das Commonwealth.

November: Ein Misstrauensvotum der gestärkten Opposition gegen die Bhutto-Regierung scheitert knapp.

1990 Landesweite Protestkampagne der Opposition mit Demonstrationen und Massenkundgebungen. Nach gewalttätigen Zusammenstößen zwischen Demonstranten und Polizeieinheiten in Hyderabad und in Karatschi mit mehr als 100 Toten werden im Sindh gegen den Willen Bhuttos Armee-Einheiten stationiert, die vorübergehend die Lage beruhigen.

August: Nach Massenkundgebungen im ganzen Land entlässt der Präsident die Bhutto-Regierung und alle Provinzregierungen, löst Bundes- und Provinzparlamente auf und verhängt den Ausnahmezustand. Begründung: Korruption, Vetternwirtschaft, Amtsmissbrauch, Verfassungsverletzungen sowie anhaltende Konfrontationen zwischen Bundesregierung und Provinzen.

September: Schwere indisch-pakistanische Artilleriegefechte in Kaschmir. Ein drohender Nuklearkrieg kann durch bilaterales Krisenmanagement auf höchster Ebene abgewendet werden.

1. Oktober: Die USA stoppen mit dem Hinweis auf das pakistanische Nuklearwaffenprogramm sämtliche Finanzhilfen und Waffenlieferungen.

6. November: Nach vermutlich gefälschten Parlamentswahlen wird Nawaz Sharif Premierminister. Der Ausnahmezustand wird aufgehoben. Reprivatisierung von Banken und Großindustrie, beschleunigte Fortsetzung des Nuklearprogramms unter Ablehnung internationaler Kontrollen und Verabschiedung des Scharia-Gesetzes.

1991 **Januar/Februar**: Der Ausbruch des Golfkriegs löst landesweit eine massive Protestbewegung gegen den pro-amerikanischen Kurs der Regierung aus.

Mai: Nationalversammlung verabschiedet *Sharia Bill*, die den Staat dazu verpflichtet, die Institutionen und Gesetze mit dem Islam in Einklang zu bringen.

1992 **März/Mai**: Nach monatelangen Querelen scheiden nacheinander drei der neun Mitgliedsparteien der regierenden IJI aus dem Bündnis aus.

28. Mai: Mit *Operation Clean-up besetzt die* Armee die Krisenprovinz Sindh und Karatschi. Die Offensive richtet sich gegen die MQM, die für zahlreiche Morde und Folterungen von politischen Gegnern verantwortlich gemacht wird. Parteichef Altaf

Hussain setzt sich nach London ab. Zu Beginn der Militäraktion sterben mehrere Dutzend Menschen bei Schießereien; etwa 500 Verdächtige – überwiegend MQM-Mitglieder – werden verhaftet.

Juni: Aus Protest gegen die Armeeaktion legen die meisten MQM-Abgeordneten in der Nationalversammlung und im sindhischen Provinzparlament ihr Mandat nieder, was die Sharif-Regierung empfindlich schwächt.

Juli: Parlament beschließt Verschärfung der Strafen bei Gotteslästerung und Beleidigung des Propheten. Für Blasphemie-Delikte gilt seitdem die Todesstrafe.

September: Die schlimmste Flutkatastrophe in diesem Jahrhundert mit mehr als 1.000 Toten löst eine schwere wirtschaftliche und politische Krise aus. Das Hochwasser vernichtet rund 70 Prozent der Baumwoll- und knapp 30 Prozent der Getreideernte.

3. November: Die geplante Eintragung der Religionszugehörigkeit im Personalausweis scheitert am Widerstand des sindhischen Parlaments. Am selben Tag wird erstmals ein Christ wegen Beleidigung des Propheten zum Tode verurteilt.

18. November: Beginn des »Langen Marsches« der Opposition unter der Führung von Benazir Bhutto nach Islamabad. Ziel: Sturz der Regierung mit friedlichen Mitteln. Die Regierung lässt Tausende PPP-Anhänger verhaften, errichtet im ganzen Land Straßensperren, verhängt für Islamabad ein Einreiseverbot und lässt in mehreren Städten Demonstrationszüge auseinandertreiben.

8. Dezember: Die Zerstörung der Babri-Moschee im indischen Ayodhya löst landesweit blutige Pogrome an den religiösen Minderheiten aus mit 35 Toten und mehreren hundert Verletzten. Aufgebrachte Menschenmengen zerstören zahlreiche Hindutempel, aber auch Gurdwaras der Sikhs und einige christliche Kirchen.

1993 **März**: Nach dem Tod des PML-Präsidenten Junejo führt der Streit um seine Nachfolge zur Spaltung der Partei und zur Auflösung der IJI. Der Rücktritt von acht Bundesministern leitet die Entmachtung Sharifs ein.

18. April: Präsident Ishaq Khan entlässt die Regierung wegen Misswirtschaft, Korruption und Vetternwirtschaft, löst die Nationalversammlung auf und beruft eine Übergangsregierung.

27. Mai: Durch ein spektakuläres Urteil des *Supreme Court* (Oberster Gerichtshof) wird Nawaz Sharif rehabilitiert und wieder als Premierminister eingesetzt.

18. Juli: Die Armeeführung erzwingt den Doppelrücktritt von Präsident und Premierminister, was einem Kollaps der politischen Ordnung gleichkommt. Übergangspremier Moeen Qureshi ordnet während seines Interregnums mit Rückendeckung der Militärs auf mehreren Politikfeldern radikale Reformen an.

6. Oktober: Neuwahlen der Nationalversammlung: Die PPP gewinnt 86 von 217 Sitzen, der von Nawaz Sharif geführte Flügel der gespaltenen PML 72 Sitze. Die MQM boykottiert die Wahlen unter Protest gegen Repressalien durch die Armee in ihren Hochburgen Karatschi und Hyderabad.

19. Oktober: Nach dem Gewinn der Parlamentswahlen durch die PPP tritt Benazir Bhutto ihre zweite Amtszeit als Premierministerin an.

13. November: Der PPP-Politiker Farooq Leghari wird zum Präsidenten gewählt.

1994 **März**: Der Zusammenbruch der Mehran Bank löst den größten Finanzskandal in der Geschichte des Landes aus. Es wird aufgedeckt, dass über das offenbar eigens zu diesem Zweck mit öffentlichen Mitteln gegründete Kreditinstitut Wahlen manipuliert, Abgeordnete aller Parteien geschmiert und Steuergelder in Milliardenhöhe auf Privatkonten von Spitzenpolitikern und des Bankdirektors abgezweigt wurden.

Dezember: Nach zweieinhalbjähriger erfolgloser Truppenpräsenz zieht sich die Armee aus Karatschi zurück, was mit mehreren hundert Toten in wenigen Wochen eine weitere Eskalation des Konfliktes auslöst. Insgesamt fallen 1994 in Karatschi mehr als 700 Menschen politisch motivierten Terroranschlägen zum Opfer. Die bisherigen Aufgaben der Armee übernehmen Sondereinheiten der Polizei und paramilitärische Ranger.

1995 **Februar:** In einem spektakulären Blasphemie-Prozess, unter anderem gegen einen minderjährigen Jungen, werden zwei zuvor von einem anderen Gericht zum Tode verurteilte Christen freigesprochen und nach Deutschland ausgeflogen. Ein dritter Angeklagter war zuvor vor dem Gerichtsgebäude von einem Islamisten erschossen worden. Radikal-islamische Geistliche rufen mit der Verkündung einer Fatwa öffentlich zur Ermordung der beiden erfolgreichen Verteidigerinnen Asma Jahangir und Hina Jilani auf.

März: Unbekannte erschießen in Karatschi zwei Angehörige des US-Generalkonsulats.

Juni: Der Bürgerkrieg in Karatschi erreicht mit 336 Toten in einem Monat seinen bisher blutigsten Höhepunkt.

5. September: Präsident Leghari entlässt die von der PPP dominierte Koalitionsregierung der Schlüsselprovinz Punjab von Chefminister Manzoor Watoo und verhängt über die Region bis zur Ernennung des Nachfolgers Arif Nakai den Ausnahmezustand. Damit endet eine knapp zweijährige Phase relativer politischer Stabilität im Land.

6. September: Die pakistanische Botschaft in Kabul wird von einer wütenden Menschenmenge gestürmt und verwüstet.

26. September: Mit der Verhaftung von mehr als 40 hochrangigen Offizieren wird eine Verschwörung gegen die Armeeführung aufgedeckt und ein von dieser Gruppe geplanter Militärputsch gegen die Regierung mit dem Ziel der Errichtung eines islamischen Regimes im letzten Augenblick vereitelt.

19. November: Ein Bombenanschlag eines Selbstmordattentäters auf die ägyptische Botschaft in Islamabad fordert zahlreiche Tote und Verletzte.

Dezember: Der Bürgerkrieg in Karatschi fordert innerhalb eines Jahres knapp 2.100 Todesopfer. Menschenrechtsorganisationen registrieren in diesem Zeitraum mehr als 200 extra-legale Hinrichtungen der Polizei- und Sicherheitskräfte. An diesem brutalen Vorgehen scheitern mehrere Verhandlungsversuche der Regierung mit der MQM.

1996 **7. Januar**: Die USA heben das Waffenembargo gegenüber Pakistan auf.

Februar: Generalstabschef Abdul Waheed geht mit Ablauf seiner Amtszeit in den Ruhestand. Nachfolger wird General Jehangir Karamat.

Mai: Cricketstar Imran Khan gründet seine Partei *Tehrik-e-Insaaf*.

10. bis 17. September: Bei bürgerkriegsähnlichen Auseinandersetzungen zwischen Sunniten und Schiiten in der im Grenzgebiet zu Afghanistan gelegenen *Kurram Agency*, bei denen Granatwerfer, Artillerie und Kurzstreckenraketen zum Einsatz kommen, werden bis zu 200 Menschen getötet und mehrere hundert verletzt.

20. September: Murtaza Bhutto, der ältere Bruder der Premierministerin, und sieben seiner Leibwächter werden in Karatschi von einer Polizeieinheit erschossen. Die mit ihrem Bruder in einen erbitterten Machtkampf um die PPP-Führung verwickelte Benazir Bhutto und ihr Ehemann Asif Zardari geraten in Verdacht, an diesem staatsterroristischen Akt federführend beteiligt gewesen zu sein. Der Vorfall bietet Präsident Leghari einen geeigneten Anlass zur Amtsenthebung der Bhutto-Regierung.

23. September: Bei einem Feuerüberfall auf eine Moschee in Multan werden 24 Menschen, zumeist Frauen und Kinder, getötet.

5. November: Premierministerin Bhutto und ihr Kabinett werden vom Präsidenten abgesetzt, die Nationalversammlung wird aufgelöst, PPP-Veteran Meraj Khalid wird Chef einer Übergangsregierung. Begründung: Korruption, Vetternwirtschaft, Versagen in der Wirtschaftspolitik und extra-legale Hinrichtungen durch Sicherheitskräfte in Karatschi.

1997 **18. Januar**: Bei einem Bombenattentat vor einem Gerichtsgebäude in Lahore werden 30 Menschen getötet, darunter der Chef der militant-sunnitischen Partei SSP und 22 Polizisten.

19. Januar: SSP-Aktivisten stürmen das Iranische Kulturzentrum, verwüsten das Gebäude und vernichten eine wertvolle Bibliothek.

3. Februar: Bei den Neuwahlen zur Nationalversammlung verfehlt die PML mit 134 von 217 Sitzen nur knapp eine Zweidrittel-Mehrheit. Die PPP erlebt mit nur 17 Sitzen ein Debakel. Dritte Kraft wird die MQM mit 12 Sitzen.

17. Februar: Nach Neuwahlen wird Nawaz Sharif wieder Premierminister.

19. Februar: Der SSP nahestehende Täter erschießen in Multan den Direktor des dortigen Iranischen Kulturzentrums.

24. Februar: Der Sonntag wird an Stelle des Freitags wöchentlicher Feiertag.

1. April: Mit einer Verfassungsänderung beschneidet das Parlament die Machtfülle des Präsidenten erheblich und stärkt die Position des Premierministers und des Parlaments. Faktisch gilt wieder die Verfassung von 1973 in ihrer ursprünglichen Fassung.

Mai: Pakistan, Turkmenistan und das US-Unternehmen Unocal unterzeichnen am 14. Mai ein Abkommen über den Bau einer Gaspipeline, die durch Afghanistan verlaufen soll. Pakistan erkennt die Taliban-Regierung in Afghanistan an.

August: Im Vorfeld der Feierlichkeiten zum 50. Jahrestag verüben im Punjab verfeindete sunnitische und schiitische Terrorgruppen innerhalb weniger Tage mehrere Anschläge auf Moscheen, denen 28 Menschen zum Opfer fallen. In Lahore, Faisalabad, Multan und Islamabad werden paramilitärische Sicherheitskräfte stationiert. Das Kabinett beschließt die Etablierung von Schnellgerichten für Terroristenprozesse.

November: Ein erbitterter Machtkampf zwischen Regierung und Oberstem Gericht endet mit der Amtsenthebung des Obersten Richters und dem erzwungenen Rücktritt von Präsident Farooq Leghari.

Dezember: Nach offiziellen Statistiken werden 1997 in Karatschi 385 Menschen bei politisch motivierten Gewalttaten getötet. Der religiös motivierte Untergrundkrieg zwischen sunnitischen und schiitischen Terrorgruppen in der Provinz Punjab fordert innerhalb eines Jahres 200 Tote und 157 Verletzte.

1998 **1. Januar**: Nach Neuwahlen Amtsantritt von Rafiq Tarar als Präsident.

Februar: Die national-paschtunische ANP kündigt die auf Bundesebene und in der Provinz NWFP bestehenden Regierungskoalitionen mit der PML. Anlass ist die Weigerung der Sharif-Regierung, einer Umbenennung der NWFP in *Pukhtoonkhwah* (»Land der Paschtunen«) zuzustimmen.

März: Durchführung einer Volkszählung: Pakistan hat nun angeblich 130,6 Millionen Einwohner. Damit wuchs die Bevölkerung seit 1981 um knapp 55 Prozent.

18. März: Die PPP schließt sich mit 14 weiteren Parteien zum Oppositionsbündnis *Pakistan Awami Ittehad* (PAI, »Pakistanische Volksallianz«) zusammen.

6. April: Pakistanische Armee testet erfolgreich die nuklearwaffentaugliche Mittelstreckenrakete *Hatf V* (oder: *Ghauri*), die über eine Reichweite von 1.500 Kilometer verfügt.

27. April: Das Distrikt-Gericht in Sahiwal (Punjab) verurteilt den Christen Ayub Masih wegen angeblicher Blasphemie zum Tode. Am 6. Mai begeht der prominente Menschenrechtler und katholische Bischof von Faisalabad, John Joseph, aus Protest gegen das Todesurteil und die Existenz der die religiösen Minderheiten diskriminierenden Blasphemiegesetze vor dem Gerichtsgebäude in Sahiwal Selbstmord. Protestkundgebungen der Christen in Faisalbad und Lahore werden von der Polizei gewaltsam niedergeschlagen. Mehrere hundert Christen werden dabei verhaftet.

Mai: Als Reaktion auf die indischen Atomtests vom 11. und 13. Mai zündet Pakistan am 28. und 30. Mai im Testgebiet von Chagai (Balutschistan) insgesamt sechs nukleare Sprengsätze. In Erwartung internationaler Wirtschaftssanktionen verhängt die Regierung den Ausnahmezustand und sperrt Devisenkonten. Der Stopp internationaler Finanzhilfen, massive

Kapitalflucht und ein dramatischer Wertverfall der Rupie bringen Pakistan an den Rand der Zahlungsunfähigkeit und lösen eine schwere Wirtschaftskrise aus.

Juli: Schwere Gefechte in Kaschmir entlang der Waffenstillstandslinie zwischen indischen und pakistanischen Truppen.

26. August: Die MQM lässt aus Protest gegen die Karatschi-Politik der Sharif-Regierung auf Bundesebene und im Sindh die Koalition mit der PML platzen. Alle Minister und Senatoren der MQM treten zurück.

28. August: Die Regierung legt der Nationalversammlung eine Verfassungsänderung vor, die Koran und Sunnah zum Obersten Gesetz Pakistans erklärt. Gesetzesinitiativen, die dem Zweck der weiteren Islamisierung des Landes dienen, bedürfen demnach zu ihrer Verabschiedung auch im Falle von Eingriffen in die Verfassung nur noch einer einfachen Mehrheit im Parlament.

24. September: Nationalversammlung verabschiedet *Foreign Exchange Temporary Bill* 1998, um das Einfrieren der Devisenkonten nach den Atomtests zu legalisieren.

2. Oktober: Verschiedene politische Führer aus Sindh, NWFP, Balutschistan und dem Seraiki-Sprachgebiet bilden eine Allianz – *Pakistan's Oppressed Nations Movement* (PONAM, Bewegung der unterdrückten Gruppen Pakistans) – mit dem Ziel, die Provinzautonomie zu stärken. Das 8-Punkte-Programm dieser Bewegung verlangt unter anderem die Umbenennung des Staatsnamens in *Multinational Pakistan*, die Gründung einer fünften Provinz, Seraikistan, und die Anerkennung der wichtigsten Sprache einer Provinz als Nationalsprache.

5. Oktober: Der Oberkommandierende der Streitkräfte, General Jahangir Karmat, schlägt die Einrichtung eines *National Security Council* vor, in dem die wichtigsten Staatsgeschäfte »überwacht« werden sollen. Damit übt er vernichtende Kritik an der Amtsführung Nawaz Sharifs, die von Rachefeldzügen gegen die Opposition geprägt sei. Karmat muss sich daraufhin vor Nawaz Sharif rechtfertigen und reicht seinen Abschied ein.

7. Oktober: General Pervez Musharraf wird zum Oberkommandierenden der Streitkräfte ernannt.

9. Oktober: Die Nationalversammlung verabschiedet die umstrittene *Sharia Bill* als 15. Verfassungszusatz.

30. Oktober: Die sich weiter zuspitzende Lage in Karatschi endet mit der Verhängung des Gouverneursrechts (Artikel 234, Abs. 2 der Verfassung): Die Zentralregierung suspendierte damit den Landtag und übertrug die Regierungsgeschäfte der Provinz dem Provinzgouverneur Moinuddin Haider.

10. November: Ein Senator der *Jamhoori Watan Party* legt dem Senat den 16. Verfassungszusatz vor, in dem die in der Verfassung von 1973 vorgesehene weitgehende Autonomie der Provinzen festgelegt ist: Diese verlangt Zusätze zu mindestens 45 Artikeln der Verfassung.

20. November: Wegen der anhaltenden Unruhen im Sindh wird unter Berufung auf Artikel 245 der Verfassung die Armee ermächtigt, des Terrorismus verdächtige Personen zu verhaften, zu verhören und zu verurteilen. Die Macht der Armee wird weiter ausgedehnt, indem ihr die Durchführung von Untersuchungen zugestanden wird. Militärgerichte beginnen im Dezember mit Verhandlungen und Verurteilungen.

2. Dezember: Gipfeltreffen von Premierminister Nawaz Sharif und Bill Clinton in Washington.

25. Dezember: Die Presse meldet, dass im Jahr 1998 in der Provinz Punjab 78 Personen getötet und über 80 verletzt wurden bei Auseinandersetzungen zwischen Angehörigen verschiedener religiöser Gruppen. In der Provinz Sindh (hauptsächlich in Karatschi) wurden im gleichen Jahr in politischen und religiösen Auseinandersetzungen über 650 Personen getötet.

Dezember: Die Regierung unterstellt die staatliche Behörde WAPDA (*Water and Power Development Authority*), der das gesamte Bewässerungssystem des Landes und die staatlichen Energiekonzerne unterstehen, der direkten Kontrolle der Armee; diese soll WAPDA vor dem endgültigen Bankrott retten, indem sie ausstehende Zahlungen eintreibt.

1999 **3. Januar**: Premierminister Nawaz Sharif entgeht unverletzt einem Attentat in der Nähe von Lahore, drei Personen werden getötet, zwei weitere schwer verletzt.

4. Januar: Im südlichen Punjab fallen 17 Schiiten einem Attentat zum Opfer, das der radikalen sunnitischen Partei *Sipah-e-Sahaba Pakistan* (SSP) zugeschrieben wird.

18. Januar: Der Internationale Währungsfond verabschiedet ein Finanzpaket für Pakistan mit einem Volumen von 5,5 Milliarden US-Dollar.

19. Februar: Die Zeitungsgruppe *Jang* strengt einen Prozess gegen die Regierung an, da diese das Recht auf Pressefreiheit verletze. Die Presse verteidigt sich als letzte unabhängige Informationsquelle, da Radio und Fernsehen staatlich kontrolliert sind.

30. Januar: Die bisher auf die Provinz Sindh beschränkten Militärgerichte werden auf ganz Pakistan ausgeweitet.

20. Februar: Der indische Premierminister Atal Bihari Vajpyee trifft sich mit Premierminister Nawaz Sharif in Lahore; auf dem Lahore-Gipfel werden mehrere bilaterale Abkommen verabschiedet, unter anderem die *Lahore Declaration*, in der sich beide Seiten verpflichten, friedliche Lösungen ihrer Probleme anzustreben. Weiterhin sollen vertrauensbildende Maßnahmen, Verhandlungen über Kaschmir in Angriff genommen und auf weitere Atomtests verzichtet werden. Die Ankunft Vajpyees mit dem Bus beschert dem Treffen den Beinamen Bus-Diplomatie. Damit wird auch die erste Busverbindung zwischen den beiden Ländern eröffnet. Widerstand gegen Vajpyees Besuch und Boykottaufrufe von Seiten religiöser Parteien führen dazu, dass Geschäfte in Lahore zur Zeit des Gipfels geschlossen bleiben.

11. April: Indien testet eine neue Version einer Mittelstreckenrakete, die atomar bestückt werden kann (Reichweite: 2.000 Kilometer). Pakistan reagiert (am **14./15.April**) mit zwei Tests eigener Raketen.

15. April: Verurteilung von Benazir Bhutto und ihres Ehemanns Asif Zardari wegen Korruption zu je fünf Jahren Haft und zu einer Geldstrafe von 8,6 Millionen US-Dollar durch ein Sondergericht in Rawalpindi.

8. Mai: Najam Sethi, Chefredakteur der kritischen Wochenzeitung *The Friday Times* wird aufgrund des Vorwurfs des »Landesverrats« verhaftet (und am 2.6. wieder freigelassen).

9. Mai: Die Regierung entzieht 1.941 von 5.967 Nicht-Regierungsorganisationen (NGO) die Registrierung und friert ihre Bankkonten ein. Die NGOs werden unter anderem der Korruption und des Missbrauchs der Gelder beschuldigt. Das faktische Verbot zieht in vielen Städten Demonstrationen und Protestkundgebungen nach sich.

ab 18. Mai: Neue Kämpfe an der indisch-pakistanischen Grenze.

20. Mai: Ein Zyklon verwüstet tausende Dörfer an der Küste der Provinz Sindh. Bis Ende Mai werden mindestens 400 Tote gezählt, tausende Fischer werden vermisst.

26. Mai: Der Grenzkonflikt zwischen Indien und Pakistan eskaliert. Die indische Luftwaffe fliegt Angriffe auf Freischärler, die im Auftrag von Pakistan seit Anfang Mai die Waffenstillstandslinie bei Kargil überschreiten, und eröffnet eine Bodenoffensive. Die anhaltenden Kämpfe lösen auf pakistanischer Seite eine Flüchtlingswelle (circa 50.000 Menschen) aus.

28. Mai: Pakistan feiert den ersten Jahrestag der Atomtests.

29. Juni: Bei einem Besuch Nawaz Sharifs in China zeigt sich China besorgt über die Entwicklung in Kaschmir und drängt auf eine Verhandlungslösung. Die Kampfhandlungen in Kaschmir nehmen zu.

4. Juli: Auf Druck der USA Rückzug der pakistanischen Truppen aus indischem Territorium.

11. Juli: Waffenstillstandsvereinbarung zwischen Indien und Pakistan beenden die Kämpfe in Kaschmir (Kargil). Laut indischen Angaben gab es bei den Kämpfen 1.350 Todesopfer, davon circa ein Drittel indische Soldaten.

4. August: Aufgrund der internationalen Sanktionen sinken ausländische Investitionen um über 50 Prozent von 822 Millionen auf 403 Millionen US-Dollar im Steuerjahr 1998/99 (vom 1. Juli bis 30. Juni).

10. August: Indien schießt ein pakistanisches Aufklärungsflugzeug ab, da die Maschine in den indischen Luftraum eingedrungen sein soll, Pakistan bestreitet dies.

27. August: Nawaz Sharif verfügt die Ausdehnung der Terrorismusgesetze auf Streiks und Demonstrationen, es kommt zu landesweiten Demonstrationen. Der UNO-Sicherheitsrat verurteilt die pakistanische Unterstützung der Taliban in Afghanistan.

1. Oktober: Bewaffnete Männer (vermutlich Angehörige der sunnitischen radikalen Partei SSP) ermorden zehn schiitische Moslems in Karatschi.

General Pervez Musharraf (1999 –)

1999 **12. bis Ende Oktober**: Das Militär unter Führung des Oberkommandierenden der Streitkräfte, General Pervez Musharraf, stürzt Ministerpräsident Nawaz Sharif und seine Regierung. Nawaz wird unter Hausarrest gestellt. Dieser hatte zuvor die Entlassung von Musharraf bekannt gegeben. Viele Regierungen verdammen den Militärcoup, und Geldgeber für Pakistan verhängen Sanktionen (zum Beispiel EU, ADB).
Verhängung des Ausnahmezustandes; Aufhebung der Verfassung und Auflösung des Bundes- und der Provinzparlamente; Verkündigung der provisorischen Notstandsverfassung. Musharraf setzt einen Nationalen Sicherheitsrat (NSC) ein, der die Regierungsgeschäfte weiterführt. Darin sind die Spitzen der drei Waffengattungen sowie Experten aus den Bereichen Finanz-, Sicherheits-, Außen- und Innenpolitik vertreten. Der amtierende Präsident Mohammad Rafiq Tarar bleibt im Amt. Musharraf nennt sich Chief Executive (CE).
18. Oktober: Suspendierung der Mitgliedschaft Pakistans im Commonwealth bis zur Rückkehr zur Demokratie. Pakistan beginnt mit dem Truppenabzug aus der Grenzregion zu Indien (mit Ausnahme von Kaschmir). Damit soll eine Deeskalierung eingeleitet werden.
25. Oktober: Chief Executive (CE) Pervez Musharraf unternimmt seinen ersten Staatsbesuch in Saudi-Arabien.
26. Oktober: Bildung einer neuen Regierung und Bekanntgabe der Zusammensetzung des Nationalen Sicherheitsrates unter Vorsitz des CE Pervez Musharraf.
8. November: Musharraf trifft zu einem Besuch in der Türkei ein.
9. November. In Kaschmir neue Gefechte zwischen indischen und pakistanischen Truppen.
11. November: Die Militärregierung klagt den abgesetzten Ministerpräsidenten wegen Hochverrats an. Sharif wird vorgeworfen, die Landegenehmigung des Flugzeugs, in dem Pervez Musharraf aus Sri Lanka zurückkehrte, verweigert zu haben.
20. November: Bei einem Bombenanschlag in Lahore werden sechs Menschen getötet. Zu der Tat bekennen sich Anhänger des gestürzten Premierministers Nawaz Sharif.
8. Dezember: CE Pervez Musharraf trifft zu einem Besuch und Gesprächen im Iran ein.
23. Dezember: Die Scharia-Kammer des Obersten Gerichtshofs erlässt ein Urteil, nachdem die Existenz von Zinsen (*riba*) gegen islamische Rechts-

vorstellungen verstößt. Ein Banksystem ohne Zinsen soll bis 1. Juni 2001 eingeführt werden.

24. Dezember: Kaschmir-Separatisten entführen eine indische Passagiermaschine und verlangen die Freilassung von in Indien inhaftierten pakistanischen Geistlichen. Nachdem die indische Regierung die Forderung erfüllt, endet die Entführung am 31. Dezember 1999. Indien beschuldigt Pakistan, an der Entführung beteiligt gewesen zu sein. Pakistan weist die Anschuldigung zurück.

2000 **10. Januar**: Feuergefecht zwischen indischen und pakistanischen Soldaten in Kaschmir.

17. Januar: Musharraf trifft zu seinem ersten Staatsbesuch eines nicht-islamischen Landes in China ein.

19. Januar: Formelle Anklageerhebung gegen den gestürzten Ministerpräsidenten Nawaz Sharif wegen Entführung, versuchten Mordes und Terrorismus.

26. Januar: Musharraf entlässt den Obersten Richter sowie fünf weitere Richter des Obersten Gerichtshofs, weil sie den Eid auf die Notstandsverfassung verweigern.

16. März: Die Militärregierung verhängt erstmals ein Verbot über politische Versammlungen und Streiks. Begründet wurde das Verbot damit, dass sich das Land den Luxus der Agitation und gewalttätigen Politik nicht leisten könne, da sie das alltägliche Leben störten.

23. März: CE Pervez Musharraf verkündet den Plan zur Übergabe der Macht (*devolution of power*) und kündigt Kommunalwahlen auf Distriktebene an, die bis zum 14. August 2001 in fünf Phasen abgehalten werden sollten.

23. März: Die islamische Partei *Jamaat-e-Islami* führt ein Referendum zur Unterzeichnung des Atomwaffensperrvertrags durch: 98,6 Prozent der Bevölkerung sprechen sich gegen die Unterzeichnung aus.

25. März: Bill Clinton besucht auf seiner Südasienreise auch Pakistan und hält im staatlich kontrollierten Fernsehen eine Ansprache an die Nation, in der er unter anderem zu Verhandlungen mit Indien wegen Kaschmir auffordert. Die Reise demonstriert eine Neuorientierung der USA in ihrer Südasienpolitik: Der Schwerpunkt liegt jetzt auf der Zusammenarbeit mit Indien.

6. April: Nawaz Sharif wird von einem Anti-Terror-Gericht in Karatschi wegen versuchter Flugzeugentführung und Terrorismus zu lebenslanger Haft verurteilt. Außerdem wird sein gesamtes Vermögen beschlagnahmt.

12. April: Bei einem Anschlag auf eine schiitische Moschee im Punjab sterben 14 Menschen.

12. Mai: Der Oberste Gerichtshof erklärt den Putsch von General Musharraf für rechtmäßig, da es keine anderen verfassungsgemäßen Mittel mehr gegeben habe, um die staatlichen Institutionen des Landes zu retten.

Gleichzeitig verfügte der Oberste Gerichtshof, dass die Militärregierung in drei Jahren, also im Oktober 2002, Wahlen zu den nationalen politischen Gremien abhalten muss.

16. Mai: CE Pervez Musharraf nimmt seine Versuche, das umstrittene Blasphemiegesetz zu reformieren, nach anhaltenden Protesten von religiösen Parteien zurück.

18. Mai: Der religiöse sunnitische Führer Maulana Yousuf Ludhianvi kommt bei einem Attentat in Karatschi ums Leben. Dies löst weitere Demonstrationen aus.

19. Mai: Heftiger Widerstand gegen den Plan der Militärregierung, Steuern von Einzelhändlern zu erheben, drückt sich in landesweiten Streiks aus: Die Geschäfte bleiben geschlossen. Dies ist der erste offene Widerstand gegen die Regierung seit dem Militärputsch. Die Reformierung des Steuerwesens und die Verbreiterung der Steuerbasis sind eine Forderung des IWF, an die er die Vergabe von weiteren Krediten knüpft. Die Einzelhändler drohen mit anhaltenden Streiks und Boykott der Steuerregistrierung.

8. Juni: CE Musharraf trifft sich mit Vertretern der kleinen Unternehmen, um die Lage zu diskutieren.

7. Juli: Bei einem Bombenanschlag auf einen überfüllten Zug in Hyderabad (Sindh) sterben neun Menschen, etwa 100 werden verletzt.

17. Juli: CE Musharraf hat als Zugeständnis an islamistische Parteien ein Dekret erlassen, das die Neubelebung der islamischen Verfügungen der Verfassung vorsieht.

22. Juli: Der abgesetzte Premier Nawaz Sharif wird wegen Steuerhinterziehung zu 14 Jahren Haft verurteilt. Des Weiteren darf er für 21 Jahre keine öffentlichen politischen Ämter bekleiden und muss eine Geldstrafe von nahezu 20 Millionen Rupien (780.000 DM) bezahlen.

3. August: CE Musharraf fordert Indien zum Dialog über Kaschmir auf und signalisiert seine Bereitschaft, jederzeit an jedem Ort und auf jeder Ebene mit Indien in einen Dialog zur Lösung des Kaschmirkonfliktes zu treten.

21. August: Der japanische Premierminister Yoshiro Mori besucht Pakistan auf seiner Südasienreise. In Gesprächen stellt er die Aufhebung wirtschaftlicher Sanktionen in Aussicht, wenn Pakistan den Atomwaffensperrvertrag (CTBT) unterzeichnet.

Oktober: Import von Raketentechnik aus China (Sanktionen gegen Pakistan von USA) .

12. Oktober: Aus Anlass der Jahresfeier des Putsches blickt Musharraf auf das Erreichte und verwirft jede Kritik: Er betont in seiner Rede, dass die Ahndung von Steuerhinterziehung und Krediteintreibung 60,5 Milliarden Rupien erbrachte, die Situation von Recht und Ordnung sich verbessert und der Streit um Kaschmir wieder internationale Aufmerksamkeit bekommen hat.

5. Dezember: Nach wiederholten blutigen Auseinandersetzungen in Kaschmir lehnt Indien Gespräche mit Pakistan so lange ab, bis die »terroristischen Aktivitäten« Pakistans auf der indischen Seite der Grenze eingestellt würden.

10. Dezember: Nawaz Sharif wird aus dem Gefängnis entlassen und geht mit 19 Mitgliedern seiner Familie nach Saudi-Arabien ins Exil. Im Gegenzug verspricht er, für die nächsten 21 Jahre von politischen Aktivitäten abzusehen, außerdem wird sein Vermögen (circa 500 Millionen Rupien) konfisziert.

31. Dezember: In der ersten Phase der Kommunalwahlen werden in 18 von 103 Distrikten direkte Wahlen der Abgeordneten der *Union Councils* (Gemeinderäte) abgehalten (nach offiziellen Angaben liegt die Wahlbeteiligung bei 35 Prozent). Obwohl Parteien nicht zugelassen sind, gehen circa 60 Prozent der Sitze an Kandidaten, die von den beiden großen Parteien (PPP und PML) unterstützt werden.

2001 **1. Januar**: Indische und pakistanische Truppen liefern sich entlang der Waffenstillstandslinie (*Line of Actual Control*, LoC) erneut Feuergefechte.

6. Januar: Deutschland hebt die Sanktionen gegen Pakistan auf und verspricht die Zuteilung von 36 Millionen DM für das laufende fiskalische Jahr.

8. Januar: Der Religionsminister Mahmud Ahmad Ghazi kündigt an, dass bis Juni 2001 die Bankzinsen abgeschafft sein werden (nicht davon betroffen sind die Zinsen für die Auslandsverschuldung).

22. Januar: Indien und Pakistan kommen überein, die Zugverbindung zwischen den beiden Ländern um weitere drei Jahre zu verlängern.

27. Januar: Das verheerende Erdbeben mit dem Epizentrum im indischen Bundesstaat Gujarat strahlt auch in die Provinzen Sindh und Balutschistan aus; es wird von zehn Toten berichtet.

4. Februar: Nachdem Indien im November 2000 alle militärischen Angriffe gegen Separatisten in Kaschmir in der Hoffnung suspendiert hat, eine Deeskalation der Gewalt zu erreichen, und Pakistan seinerseits mit einem Truppenrückzug von der Grenze reagiert, scheint sich die Beziehung zwischen Indien und Pakistan zu entspannen.

5. Februar: In Karatschi kommt es zu Ausschreitungen und einer Massenverhaftung nach einem Attentat auf zwei militant-schiitische Aktivisten.

21. März: Die zweite Phase der Kommunalwahlen wird durchgeführt.

21. April: Die Weltbank genehmigt einen Kredit über 350 Millionen US-Dollar für Strukturanpassung. Kurz zuvor hatte die Weltbank einen Kredit über 100 Millionen US-Dollar mit der Begründung gestrichen, dass institutionelle Reformen nicht oder nur unzureichend durchgeführt worden seien.

23. April: Die *Asian Development Bank* gewährt Pakistan einen Kredit in Höhe von 2,5 Milliarden US-Dollar zur Bekämpfung der Armut.

25. April: Die Militärregierung verbietet die gegen sie gerichtete Großkundgebung des Parteienbündnisses ARD (*Alliance for the Restauration of Democracy*), die für den 1. Mai geplant ist. Von der diese Aktion begleitende Verhaftungswelle sind circa 1.000 Personen betroffen; Sicherheitskräfte verhindern die Einreise potentieller Demonstranten in Karatschi. Dennoch kommt es am 1. Mai zu gewalttätigen Auseinandersetzungen zwischen Demonstranten und Sicherheitskräften.

1. Mai: CE Musharraf befördert Generalleutnant Musaffar Hussai Usmani zum *Deputy Chief of the Army Staff*; damit ernennt Musharraf ihn zu seinem Stellvertreter.

11. Mai: Der chinesische Premierminister, Zhu Rongji, trifft zu seinem viertägigen Staatsbesuch in Islamabad ein; Islamabad hofft auf eine Bekräftigung der militärischen und wirtschaftlichen Zusammenarbeit.

24. Mai: Der indische Premierminister Vajpyee lädt General Pervez Musharraf zu Gesprächen nach Indien ein.

29. Mai: CE Musharraf nimmt die Einladung nach Delhi an.

11. Juni: Verhandlungen einer Petition vor dem Obersten Gerichtshof, die gegen die im Dezember 1999 verfügte Islamisierung des Bankenwesens argumentiert, führen zur Aussetzung des Urteils um ein Jahr.

Juni: Im Vorfeld der vierten Phase der Kommunalwahlen kommt es zu Unruhen in Karatschi.

20. Juni: Musharraf ernennt sich zum Präsidenten, bleibt aber Chef der Armee.

Juli: Gipfeltreffen zwischen Musharraf und Vajpyee (Indien) bleibt ohne greifbare Ergebnisse.

11. September: Pakistan schließt sich dem US-geführten Kampf gegen den Terrorismus an und unterstützt US-Angriffe auf Afghanistan.

Oktober: Erneute pakistanisch-indische Kämpfe an der Waffenstillstandslinie.

Dezember: Truppenkonzentrationen an der pakistanisch-indischen Grenze. Wachsende Kriegsfurcht.

2002 **Januar:** Pakistan verbietet zwei militante Kaschmir-«Befreiungsgruppen«.

April: In einem Referendum lässt Musharraf sich für weitere fünf Jahre im Amt bestätigen.

Mai: Selbstmordanschläge in Karatschi, auch auf Ausländer, nehmen zu. Pakistan testet drei Mittelstreckenraketen (*Ghauri*), die Nuklearköpfe tragen können.

August: Musharraf erweitert seine Machtvollkommenheit, zum Beispiel kann er nun das Parlament auflösen.

Oktober: Allgemeine Wahlen ergeben keine klaren Mehrheiten im Parlament. Religiöse Parteien schneiden besser als früher ab.

November: Nationalversammlung wählt Mir Zafarullah Jamali aus Balutschistan zum ersten Premierminister seit Musharrafs Putsch von 1999.

2003 **Februar:** Senatswahlen.

Juni: Die Nordwest-Grenzprovinz (NWFP), in der islamistische Kräfte die Provinzwahlen gewonnen haben, führt die Scharia ein.

November: Pakistan erklärt Waffenstillstand gegenüber Indien, Indien antwortet positiv.

Dezember: Pakistan und Indien nehmen den Flugverkehr zwischen ihren Ländern wieder auf und gewähren sich gegenseitig zivile Überflugrechte. Musharraf überlebt einen Attentatsversuch, der radikalen Islamisten zugeschrieben wird.

2004 **Februar:** Der pakistanische Nuklearwissenschaftler Dr. Abdul Qadeer Khan gibt zu, nuklearwaffentechnische Geheimnisse an Libyen, Nord-Korea und den Iran verraten zu haben.

April: Das Parlament stimmt der Bildung eines nationalen Sicherheitsrates unter militärischer Führung zu.

Mai: Wiederaufnahme in das Commonwealth. Die Commonwealth-Mitgliedschaft ruhte seit Musharrafs Putsch. Blutige Ausschreitungen zwischen Sunniten und Schiiten in Karatschi.

Juni: Pakistanische Armee versucht gegen Al-Qaida-Kämpfer in den Stammesgebieten an der afghanischen Grenze einzuschreiten.

August: Shaukat Aziz wird neuer Premierminister, nachdem er im Juli einem Attentatsversuch entkommen war.

Dezember: Nachdem Musharraf bisher versprochen hatte, seine militärischen Funktionen niederzulegen, verkündet er nun, Armeechef zu bleiben.

2005 **Januar:** Stammesaufstände in Balutschistan, Sabotageakte gegen Erdgasanlagen.

7. April: Nach 60 Jahren wird der öffentliche Busverkehr zwischen Pakistan und Indien wiedereröffnet. Nach den Londoner U-Bahn-Anschlägen werden in Pakistan 200 islamistische Extremisten verhaftet.

8. Oktober: Ein verheerendes Erdbeben sucht Nordpakistan und Kaschmir heim. Zehntausende von Menschen sterben, Hunderttausende werden obd|achlos. Durch schlechtes Wetter und den nahen Winter wird die Lage sehr erschwert.

2006 **Januar:** Ein US-amerikanischer Raketenanschlag, der angeblich gegen Al-Qaida-Obere gerichtet war, tötet 17 Menschen in einem Dorf in den nordwestlichen Stammesgebieten.

Februar: Selbstmordattentäter ermorden 30 Teilnehmer einer schiitischen Prozession im Nordwesten.

April: Selbstmordattentäter töten 57 Menschen bei einem sunnitischen Gottesdienst in Karatschi.

August: Sicherheitskräfte töten Nawab Akbar Bugti, einen der prominentesten Stammesführer Balutschistans. Es folgen gewaltsame Massenproteste.

Oktober: Die Streitkräfte töten 80 Menschen in einer Koranschule im Stammesgebiet Bajaur an der afghanischen Grenze. Angeblich war die Koranschule ein Ausbildungslager militanter Extremisten.

Dezember: Pakistan testet eine nuklearfähige Kurzstreckenrakete erfolgreich.

2007 **Februar:** Vermehrte Bombenanschläge im ganzen Land. Unter anderem sterben 70 Passagiere eines Zuges von Delhi nach Lahore, die meisten davon Pakistanis. Pakistan und Indien unterzeichnen einen Pakt, der die versehentliche Auslösung eines Atomkriegs zwischen beiden Ländern verhindern soll.

März: Musharraf entlässt den Obersten Richter Iftikhar Muhammad Chaudhry, der sich offensichtlich geweigert hatte, politischen Wünschen des Präsidenten zu entsprechen.

März, April: Die heftigen Proteste in allen Landesteilen wegen der Entlassung des Obersten Richters lösen die schwerste Machtkrise Musharrafs seit seinem Putsch 1999 aus. Heftige Kämpfe im Stammesgebiet Südwaziristan zwischen Einheimischen und ausländischen Al-Qaida-Kämpfern.

10. Juli: Nach Unruhen durch radikale islamistische Kräfte wurde deren Hochburg in Islamabad, die Lal Masjid (Rote Moschee), durch Sicherheitskräfte gestürmt und geschlossen. Zahlreiche Tote und Verletzte.

30. August: Im Stammesgebiet Südwaziristans geraten 211 Soldaten in Geiselhaft.

3. Oktober: Lal Masjid wird wieder geöffnet.

6. Oktober: Präsident Musharraf wird mit großer Mehrheit von Parlamentariern für weitere fünf Jahre im Amt bestätigt.

18. Oktober: Benazir Bhutto kehrt aus achtjährigem Exil nach Pakistan zurück. Ihr Triumphzug durch Karatschi wird durch ein Selbstmordattentat mit 150 Toten und 500 Verletzten beendet. Bhutto entkommt unverletzt.

25. Oktober: Nach einem Selbstmordanschlag auf einen Militärkonvoi mit 20 Toten und 35 Verletzten kommt es im Distrikt Swat (NWFP) zu schweren Kämpfen zwischen paramilitärischen Sicherheitskräften und islamistischen Rebellen. Dabei sterben innerhalb von drei Tagen auf beiden Seiten 51 Menschen. Ein weiterer Selbstmordanschlag auf einen Militärkonvoi fordert 16 Opfer. Am 29. Oktober tritt eine vorläufige Waffenruhe in Kraft.

30. Oktober: Ein Selbstmordanschlag in Rawalpindi in der Sperrzone um die Residenz von Präsident Musharraf fordert sieben Tote und 35 Verletzte.

3. November: Präsident Musharraf verhängt den Notstand, suspendiert die Verfassung, setzt die gesamte Oberste Gerichtsbarkeit außer Funktion und setzt bürgerliche Grundfreiheiten außer Kraft. Begründung: Zunahme der terroristischen Gewalt im Land und Einmischung der Judikative in die Politik der Regierung.

Unmittelbar nach Ausrufung des Ausnahmezustandes starten die Sicherheitsbehörden eine landesweite Verhaftungswelle, die sich vor allem gegen Anwälte, Menschenrechtsaktivisten, Journalisten und Oppositionspolitiker richtet. Allein in den ersten 48 Stunden nach dem Präsidentendekret werden 1.500 Menschen verhaftet. Private Fernsehkanäle werden abgeschaltet und die übrigen Medien zensiert.

4. November: Die Regierung lässt im Austausch gegen die am 30. August entführten 211 Soldaten 25 militante Extremisten frei.

9. November: Ein massives Polizeiaufgebot verhindert eine geplante Wahlkampfveranstaltung Benazir Bhuttos in Rawalpindi auf dem Platz, wo sie später am 27. Dezember ermordet wird.

12. November: Präsident Musharraf kündigt für Januar 2008 Wahlen an sowie die Auflösung der Parlamente und die Berufung einer Übergangsregierung für den 15. November.

15. November: Der Senatsvorsitzende Mohammadmian Soomro (PML-Q) wird von Musharraf als Chef einer Übergangsregierung zum Premierminister ernannt.

16. November: Der wichtigste pakistanische TV-Nachrichtensender Geo TV wird von den Behörden geschlossen.

19. November: Der Supreme Court unter seinem von Musharraf ernannten neuen Vorsitzenden Richter Abdul Hameed Dogar weist alle anhängigen Verfassungsklagen gegen eine weitere Amtszeit von Musharraf als Präsident ab.

24. November: Bei zwei simultan ausgeführten Selbstmordanschlägen auf militärische Ziele kommen 32 Menschen ums Leben, 55 weitere werden verletzt.

25. November: Ex-Premierminister Nawaz Sharif kehrt nach siebenjährigem Exil nach Pakistan zurück und nimmt für seine PML-N den Wahlkampf auf.

28. November: Musharraf tritt als Generalstabschef zurück. Zu seinem Nachfolger ernennt er General Ashfaq Parvez Kayan.

4. Dezember: Die Bundesregierung gibt bekannt, dass insgesamt 24 Richter der *High Courts* der Provinzen Sindh, Punjab und NWFP wegen des am 3. November verhängten Notstandes ihren Rücktritt eingereicht hätten.

15. Dezember: Präsident Musharraf hebt den Ausnahmezustand auf und setzt die Verfassung wieder in Kraft. Einige neue Ergänzungen »legalisieren« die während des Ausnahmezustandes verhängten Präsidenten-Dekrete – vor allem die Umbesetzungen der Obersten Gerichtsbarkeit betreffend – und genehmigen dem Staatsoberhaupt eine weitere fünfjährige Amtszeit.

17. Dezember: Bei einem Selbstmordanschlag auf eine Armeeschule in Kohat (NWFP) werden zwölf Rekruten getötet.

18. Dezember: Das US-Repräsentantenhaus genehmigt für das Fiskaljahr 2008 Finanzhilfen für Pakistan in Höhe von 785 Millionen US-Dollar, darunter 300 Millionen US-Dollar für Militärhilfe. Die Finanzspritze ist Teil eines 2003 zugesagten Finanzierungsprogramms im Volumen von 3,5 Milliarden US-Dollar.

22. Dezember: Bei einem Selbstmordanschlag auf eine Moschee in Charsadda (NWFP) sterben 56 Menschen, über 100 weitere werden verletzt. Das Attentat galt dem früheren Innenminister Aftap Sherpao.

27. Dezember: Benazir Bhutto wird in Rawalpindi nach einer Wahlkampfveranstaltung bei einem Selbstmordattentat getötet. Es sterben dabei weitere 21 Menschen. In der Folge werden die zunächst für den 8. Januar 2008 vorgesehenen Parlamentswahlen auf den 18. Februar verschoben.

Abkürzungsverzeichnis

ADB	Asian Development Bank
AIML	All India Muslim League
AJK	Azad (= Freies) Jammu und Kaschmir
AL	Awami League
ANP	Awami National Party (Nationale Volkspartei)
APMSO	All Pakistan Mohajir Student Organization
ARD	Alliance for the Restauration of Democracy
AWT	Army Welfare Trust (Stiftung der pakistanischen Armee)
AZO	Al Zulfikar Organization
BF	Bahria Foundation (Stiftung der pakistanischen Armee)
BLF	Balochistan Liberation Front
BNP	Balochistan National Movement
CE	Chief Executive
CENTO	Central Treaty Organization
CII	Council of Islamic Ideology
COAS	Chief of the Army Staff
DCOAS	Deputy Chief of the Army Staff
CTBT	Comprehensive Nuclear-Test-Ban Treaty (Kernwaffenteststopp-Vertrag)
FATA	Federally Administered Tribal Areas
FF	Fauji Foundation (Versorgungswerk für Soldaten der pakistanischen Armee)
FWO	Frontier Works Organization (Straßenbauunternehmen im Besitz der pakistanischen Armee)
HRCP	Human Rights Commission of Pakistan

INC	Indian National Congress
IPI	Iran-Pakistan-Indien-Pipeline
ISI	Inter-Services Intelligence (Pakistanischer Geheimdienst)
IWF	Internationaler Währungsfonds
Jl	Jamaat-e-lslami (die älteste und einflussreichste islamische Partei in Pakistan)
JUl	Jamiat-e-Ulema-e-lslam (aktuell erfolgreichste religiopolitische Partei in Pakistan)
JUP	Jamiat Ulema-e-Pakistan (Religiöse Partei in Pakistan)
JWP	Jamhoori Watan Party (Nationalistische Balutschen-Partei)
LHC	Lahore High Court
LoC	Line of Actual Control (Waffenstillstandslinie)
MMA	Muttahida Majlis-e-Amal (Wahlbündnis der sechs größten islamistischen Parteien des Landes)
MQM	Mohajir Qaumi Mahaz (Partei der Minderheit der Mohajir)
MRD	Movement to Restore Democracy
NGO	Nicht-Regierungsorganisationen
NLC	National Logistic Cell (Transportunternehmen im Besitz der pakistanischen Armee)
NSC	Nationaler Sicherheitsrat
NWFP	North West Frontier Province
PAI	Pakistan Awami Ittehad (Pakistanische Volksallianz)
PATA	Provincially Administered Tribal Area
PML	Pakistan Muslim League
PML-N	nach Nawaz Sharif benannter Mehrheitsflügel der Pakistan Muslim League
PML-Q	Pakistan Muslim League Quaid-e-Azam (eine Abspaltung von der PML-N)
PNA	Pakistan National Alliance (Neun-Parteien-Bündnis)
PONAM	Pakistan's Oppressed Nations Movement
PPC	Pakistan Penal Code (das pakistanische Strafgesetzbuch)

PPP	Pakistan Peoples Party (Pakistanische Volkspartei)
RCD	Regional Cooperation for Development
SAARC	South Asian Association for Regional Cooperation
SEATO	South-East Asian Treaty Organization (Südostasienpakt)
SF	Shaheen Foundation (Stiftung der pakistanischen Armee)
SSP	Sipah-e-Sahaba Pakistan (radikale sunnitische Partei)
WAPDA	Water and Power Development Authority

Grafikverzeichnis

Literatur

Bhutto, Benazir: Tochter der Macht. München 1989

Carvalho-Fischer, Maria Madalena L.; Fischer, Mathias: Pakistan under Siege. Pakistan after September 11/2001. 2004, vanguardbooks.com

Cohen, Stephen Philip: The Idea of Pakistan. 2005, vanguardbooks.com

Gul, Imtiaz: The Unholy Nexus. Pak-Afghan Relations under the Taliban. 2002, vanguardbooks.com

Haqqani, Husain: Pakistan. Between Mosque and Military. 2005, vanguardbooks.com

Human Rights Commission of Pakistan: State of Human Rights. 2006, hrcp-web.org

Hussain, Zahid: Frontline Pakistan. The Struggle with Militant Islam. 2007, vanguardbooks.com

Iqbal, Javid: Islam and Pakistan's Identity. 2003, vanguardbooks.com

Jaffrelot, Christophe: Pakistan. Nation, Nationalism and the State. 2005, vanguardbooks.com

Jones, Owen Bennett: Eye of the Storm. 2002, vanguardbooks.com

Khan, Shafique Ali: Two Nation Theory. As a Concept, Strategy and Ideology. Karachi 1985

Lamb, Alastair: Birth of a Tragedy. Kashmir 1947. Hertingfordbury, Hertfordshire 1994

Musharraf, Pervez: In the Line of Fire: A Memoir. New York 2006

Rashid, Ahmed: Taliban. Afghanistans Gotteskrieger und der Dschihad. München 2001

Rizvi, Syed Shabbar Raza: Constitutional Law of Pakistan. Text, Case Law and Analytical Commentary (2nd revised and updated edition), 3 Volumes. 2005, vanguardbooks.com

Rothermund, Dietmar: Krisenherd Kaschmir. Der Konflikt der Atommächte Indien und Pakistan. München 2002

Rouse, Shahnaz: Gender, Nation, State in Pakistan. Shifting Body Politics. 2006, vanguardbooks.com

Schofield, Victoria: Kashmir in Conflict. India, Pakistan and the Unending War. London 2000

Siddiqa, Ayesha: Military INC. Inside Pakistan`s Military Economy. 2007, plutobooks.com

Sidhu, Waheguru Pal Singh; Asif, Bushra; Samii, Cyrus: Kashmir. New Voices, New Approaches. 2007, vanguardbooks.com

Syed, Anwar H.: The Discourse and Politics of Zulfikar Ali Bhutto. London 1992

Talbot, Ian: Pakistan. A Modern History. 1999, vanguard books.com

Vali, Seyyed; Nasr, Reza: The Vanguard of the Islamic Revolution. The Jama'at-i Islami of Pakistan. London 1994